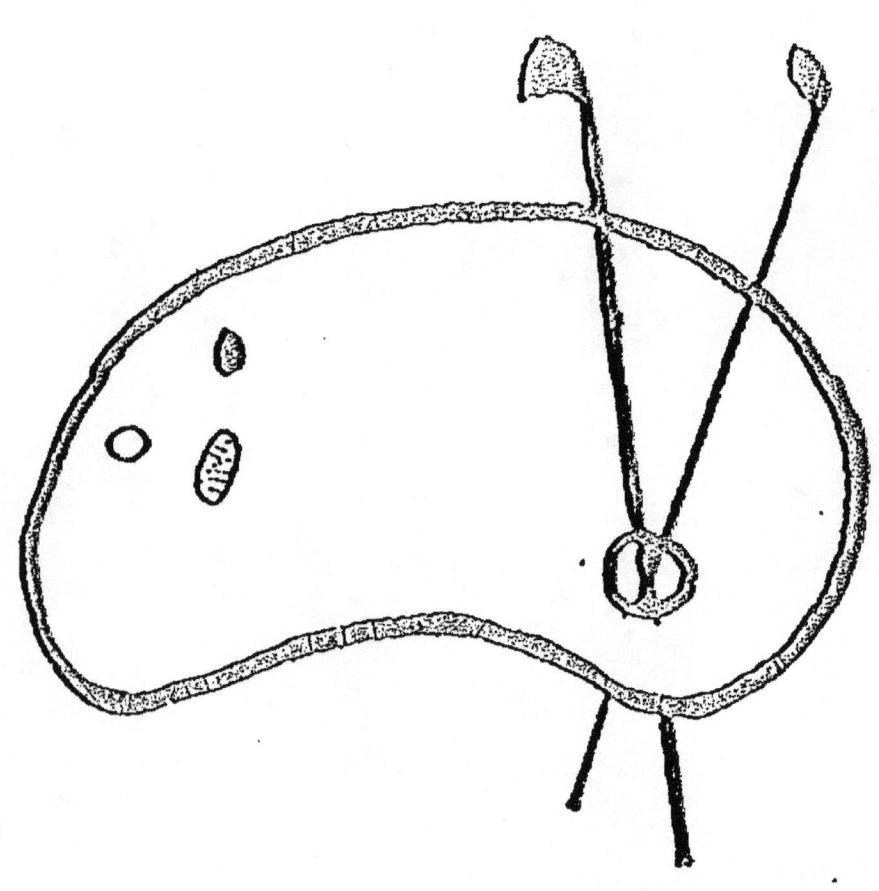

ORIGINAL EN COULEUR
NF Z 43-120-8

EXPOSITION
THÉÂTRE et de la MUSIQUE

PARIS

1896

CATALOGUE
Officiel DE L'EXPOSITION

PRIX 1ᶠ

25 Juillet — 25 Novembre

PALAIS DE L'INDUSTRIE

Dimanche et Jeudi — Semaine 1ᶠ
Tous les Vendredis Grand Festival 3ᶠ

La Poterie
DU
Golfe Juan

FAÏENCES
à reflets métalliques

CLÉMENT MASSIER
Officier de la Légion d'Honneur
MÉDAILLE D'OR -- PARIS 1889

Golfe-Juan, près Cannes (Alpes-Maritimes)

Nice : Maison de Vente, quai Saint-Jean-Baptiste, 50

206, rue de Rivoli, 206
PARIS
(En face le Jardin des Tuileries)

EXPOSITION INTERNATIONALE
DU
THÉATRE & DE LA MUSIQUE

De Juillet à Novembre 1896

PALAIS DE L'INDUSTRIE

Sous le haut patronage de

M. le Président du Conseil
M. le Ministre de l'Instruction publique et des Beaux-Arts
M. le Ministre du Commerce et de l'Industrie
M. le Directeur des Beaux-Arts
M. le Commissaire général de l'Exposition de 1900
M. le Président du Tribunal de Commerce de la Seine
et M. le Président de la Chambre de Commerce de Paris

Directeur : Secrétaire Général :
M. L. ABAYE M. O. LARTIGUE

Commissaire Général :
M. Lucien LAYUS, ✳, I. ◉

EXPOSÉ

L'Exposition du Théâtre et de la Musique, pour laquelle nous avons obtenu la concession du Palais de l'Industrie, est une œuvre artistique qui se recommande du patronage d'un comité auquel appartiennent les personnalités les plus considérables dans le monde des arts, des lettres et de l'industrie. Ces personnalités ont bien voulu approuver le projet dont nous leur avons communiqué les grandes lignes que nous résumons ici.

Cette exposition sera divisée au point de vue artistique en sections ainsi réparties :

1° Section rétrospective ;
2° Section documentaire ;
3° Section d'informations statistiques ;
4° Section consacrée à l'enseignement ;
5° Sections étrangères.

Enfin de nombreuses attractions et reconstitutions artistiques présenteront au public une série de leçons de choses des plus intéressantes.

Quant aux nombreux produits qui seront exposés, ils seront répartis, suivant leur nature, en un certain nombre de sections dont nous donnons l'énumération à la suite de cet exposé.

Pour la partie rétrospective, nous pouvons compter

sur le concours que veulent bien nous promettre les possesseurs de grandes collections, et sur le prêt qu'ils nous feront, soit d'instruments, soit de pièces concernant l'histoire du Théâtre et de la Musique à diverses époques. Cette réunion de pièces, embrassant à la fois les parties rétrospective, statistique et documentaire de l'Exposition, présentera, pour le public, un intérêt d'autant plus considérable qu'il lui est, dans les circonstances ordinaires de la vie, difficile de se renseigner sur ces divers aspects de l'histoire du Théâtre et de la Musique, et que, quelque répandu que soit chez nous le goût de ces choses, les recherches qu'exigent ces études demandent un temps et une persévérance que bien peu de personnes sont en situation de leur consacrer.

Nous-mêmes n'aurions pas pu, sans doute, présenter au public un ensemble digne d'intérêt, sans le concours assuré des principaux collectionneurs et aussi, sans l'accueil favorable fait à notre projet par M. Roujon, directeur des Beaux-Arts au ministère de l'Instruction publique, qui a vu dans l'Exposition qui va s'ouvrir la préface de la manifestation artistique qu'il se propose de faire à l'Exposition de 1900, à ce point de vue spécial du Théâtre et de la Musique.

Nous estimons que nous contribuerons largement à l'œuvre démocratique que le Gouvernement républicain poursuit avec persévérance. Le temps n'est plus où l'art, sous ses formes diverses, était le privilège d'une élite restreinte. La démocratie veut que les jouissances intellectuelles soient mises à la portée de tous, et elle fait tous ses efforts pour atteindre ce but. C'est ainsi qu'elle a multiplié les écoles de dessin qui rendent de si grands services à nos industries d'art, et qu'elle s'impose aussi de répandre partout le goût de la Musique. Mais les méthodes d'enseignement sont très différentes, et ceux qui les appliquent, tout en reconnaissant les imperfections et la défectuosité de l'une, sont dans l'impossibilité de la comparer avec d'autres et de savoir laquelle pourrait leur donner de meilleurs résultats. Une comparaison entre les différentes méthodes et l'organisation d'une section consacrée spécialement à l'enseignement de la musique, nous paraissent donc avoir une incontestable utilité.

Que cette section puisse, en réunissant ainsi les éléments relatifs à l'enseignement théâtral et à l'art chorégraphique, rendre de grands services, la chose ne saurait être douteuse.

Dans ces temps où les idées de décentralisation sont discutées, il y a un intérêt évident à grouper tout ce que l'on peut rassembler sur l'enseignement de la déclamation et sur l'art théâtral sous ses diverses formes.

Au point de vue de la musique, comme à celui de l'art théâtral, la section de l'enseignement ne doit pas se limiter à la France. A cet égard, comme à bien d'autres, nous restons trop indifférents à ce qui se passe hors de nos frontières et il importe que le public soit mis en situation de procéder à des comparaisons entre les diverses méthodes, comme aussi entre les résultats obtenus.

Il est encore intéressant de soumettre au public les

questions d'architecture qui se rattachent à l'art théâtral et de lui présenter les plans de théâtres répondant aux conditions actuellement requises d'hygiène et de sécurité pour des villes d'importances diverses, comme aussi de provoquer les architectes à étudier une organisation modèle de Conservatoire.

Nombreuses sont les attractions que le programme de l'Exposition permet d'offrir au public et qui se rattachent intimement à ses parties rétrospectives et documentaires, soit par des tableaux, soit par des reconstitutions scéniques : tout notre vieux théâtre s'y prête admirablement. Depuis les mystères du moyen âge, les fêtes des fous, les soties des escholiers, les farces de la basoche, jusqu'aux parades de la foire, aux facéties de Tabarin et de Mondor, la mine est féconde, et s'il y a un choix attentif de ce qui peut être restitué et de ce qui doit rester dans l'ombre, de ce qui a un intérêt au point de vue de l'histoire et de l'art du théâtre et de ce qui en est dépourvu, on ne saurait contester qu'il reste néanmoins un ensemble dont une seule Exposition, comme celle dont il s'agit ici, ne peut épuiser l'intérêt. Une tentative développée ne pourrait être faite qu'en 1900 avec les ressources spéciales dont l'Etat dispose.

L'histoire ancienne du Théâtre fournit également des éléments d'intérêt auxquels nous n'avons pas négligé de faire appel. La reconstitution du théâtre antique, des documents archéologiques initiant le public à l'art scénique de la Grèce et de Rome, des vues panoramiques des vestiges de ces théâtres que les siècles ont laissé subsister, et surtout de ce merveilleux théâtre d'Orange sur lequel l'attention publique a été attirée par les fêtes récentes et par celles que l'on se propose d'y donner prochainement, compléteront heureusement, croyons-nous, la partie historique et documentaire de l'Exposition. Le grand public y trouvera l'occasion d'acquérir des notions suffisantes de cette partie de l'histoire de l'art qui n'est guère connue que d'un petit nombre d'érudits.

On peut également compter que ces attractions auxquelles viendront se joindre des causeries sur la Musique et sur le Théâtre par les hommes qui se sont acquis en ces matières la plus grande autorité, ainsi que des auditions musicales, donneront un intérêt particulier à l'Exposition et attireront une grande partie de ce public sur lequel tout ce qui touche au Théâtre et à la Musique exerce un si puissant attrait.

Rien n'a été négligé par nous de ce qui peut attirer et ramener les visiteurs au Palais de l'Industrie en tenant la curiosité en éveil par le renouvellement régulier des principales attractions. Nous leur offrirons tout d'abord chaque jour d'intéressants concerts exécutés par un orchestre de premier ordre. Nous reconstituerons sous leurs yeux la célèbre foire de Saint-Laurent où l'éclat et le pittoresque des costumes seront un élément d'intérêt auquel viendra s'ajouter le renouvellement du spectacle tous les quinze jours.

L'aspect de la nef du Palais de l'Industrie sera profondément transformé. D'élégants jardins mettront une note gaie dans ce vaste espace dont l'ordinaire aridité désole l'œil du visiteur. Une grande allée centrale sera ménagée. Dans une de ses parties elle conduira à la reconstitution du théâtre d'Orange et de là, par un décor représentant une rue d'une ville antique, elle aboutira à l'orchestre. De l'autre côté, elle représentera un décor moyen âge conduisant le promeneur au parvis et à la façade de Notre-Dame, devant lesquels se donneront les représentations des moralités et des mystères du moyen-âge qui sont le point de départ de l'art dramatique.

Au premier étage, une salle pouvant contenir 500 personnes sera réservée aux grands concerts avec orgue et aux causeries et conférences sur l'histoire du Théâtre et de la Musique, qui seront faites, ainsi que nous l'avons déjà dit, par les hommes les plus compétents en ces matières et qui seront certainement suivies par un nombre considérable d'auditeurs.

Les industriels et commerçants dont les nombreux produits se rattachent, par quelque côté, à l'objet principal de l'Exposition, lequel demeure le Théâtre et la Musique, peuvent donc compter qu'ils trouveront dans leur participation à l'Exposition un moyen d'entrer en relations avec le grand public et de vulgariser la connaissance de leurs ouvrages. Or, le nombre augmente chaque jour des industries qui ont, avec le Théâtre et la Musique des liens étroits, surtout étant données les tendances actuelles au réalisme et le goût de plus en plus manifeste pour l'exactitude de la mise en scène.

Les avantages que les industriels et commerçants

peuvent attendre de leur participation sont d'autant plus considérables que, tandis que les expositions précédentes ont été trop souvent une simple agglomération d'objets que nul lien ne rattachait les uns aux autres et dont la réunion ne pouvait offrir un bien grand attrait pour le visiteur, nous donnons à l'Exposition qui va s'ouvrir un caractère particulier. Nous voulons en faire une manifestation artistique dans toutes ses parties, digne, en un mot, de conquérir la faveur du public auquel elle offrira des sujets d'études et des informations sérieuses en même temps que d'attrayantes distractions. Nous avons la confiance que nos efforts seront couronnés de succès et que nous ferons revivre les beaux jours que les expositions du Palais de l'Industrie ont connus il y a une dizaine d'années.

Le Secrétaire général,

O. LARTIGUE.

SERVICES DE L'EXPOSITION

ADMINISTRATION

M. L. Abaye, Directeur.
M. O. Lartigue, Secrétaire général.

COMMISSARIAT GÉNÉRAL

M. Lucien Layus, ✻, I. ✤, commissaire général.

SECTIONS ARTISTIQUE, DOCUMENTAIRE ET RÉTROSPECTIVE

M. Yveling RamBaud, Commissaire.
M. Jules Curlier, secrétaire.
M. Léon Talboom, secrétaire.

COMMISSARIATS

M. J. Dubouloz, ✤, Commissaire de la Section des Industries graphiques.
M. Mangeot, ✻, Commissaire de la Section des Instruments de Musique.
MM. Brylinski, ✻, ✤, et Cheminais, ✤, Commissaires de la Section du Costume.
M. Pillet, Ingénieur des Arts et Manufactures, Commissaire des groupes II et VI.

CONSEIL JUDICIAIRE

M. Paulfin, Avocat à la Cour d'Appel de Paris, 4, rue Richepanse.
M. Robert Dubail, Avoué près le Tribunal de 1re Instance de la Seine, 60, rue des Ecoles.
M. Benoit-Lévy, ✤, Huissier, 8 bis, rue de Turbigo.

SERVICE MÉDICAL

M. le Docteur **Gilles de la Tourette**, ✻, Professeur agrégé à la Faculté de Médecine, Médecin des Hôpitaux, 39, rue de l'Université.

M. le Docteur **Beurnier**, I. ✿, Chirurgien des Hôpitaux, 12, rue de Bourgogne.

M. le Docteur **Abel Souplet**, 30, rue Bonaparte.

M. le docteur **Fernand Kuhn**, ✿, 30, rue Monsieur-le-Prince.

DÉCORATEURS

MM. **Ph. Chaperon et fils**

SERVICES SPÉCIAUX

M. **G. de Nouvion**, chargé des rapports avec la presse.

M. **Maurice Lévy**, Secrétaire adjoint pour la presse et la régie générale.

M. **Charles Monza**, ✿, régisseur général.

SERVICES ADMINISTRATIFS

M. **Henri Agostini**, secrétaire de la direction.

M. **Joseph Dolenz**, chef de la comptabilité.

M. **Honoré Foillat**, comptable.

M. **Crespel**, ✻, secrétaire attaché au commissariat général.

M. **Joseph Lafforgue**, secrétaire.

M. **Charles Crevas**, secrétaire.

M. **Léon Guionnet**, préposé au contrôle.

M. **Gustave Berthault**, préposé à la délivrance des cartes.

M. **Adrien Foillat**, surveillant.

M. **Marais**, brigadier, chef des gardiens.

LISTE DES ARTISTES DE L'ORCHESTRE

de l'Exposition du Théâtre et de la Musique

Chef d'orchestre : **M. Achille KERRION**

MM.

Laforge, 1er violon solo, professeur au Conservatoire.
Lemaire, violon solo des concerts de l'Opéra.
Bury, 1er violon, concerts Lamoureux.
Robba, — concerts Lamoureux.
Clouet, — de l'Opéra.
Hennicle, —
Bonifacio, — concerts Colonne.
Malkine, —
Julian, —
Samson, — concerts Lamoureux.
Debruyn, — de l'Opéra.
Gaillard, chef d'attaque des seconds violons, de l'Opéra.
Morhange père, 2e violon, de l'Opéra.
Winkler, —
Gissler, —
Morhange fils, — de l'Opéra.
Brice, —
Lematté, — concerts Lamoureux.
Seilz, — concerts Colonne.
Monteux, 1er alto-solo des concerts Colonne.
Le Métayer, alto-solo, de l'Opéra-Comique.
Cormier, alto, de l'Opéra.
Biemler, alto.

MM.

Placet, alto.
Barraine, violoncelle-solo, violoncelle, des concerts Lamoureux
Courras, violoncelle, de l'Opéra.
Baccarat, violoncelle, concerts Colonne.
Dubois, violoncelle, concerts Lamoureux.
Delhaye, violoncelle, concerts Lamoureux.
Franck, violoncelle, de l'Opéra.
Soyer (Léon), contrebasse-solo, 1re contrebasse, des concerts Lamoureux.
Leduc, contrebasse, concerts Lamoureux.
Doucet, contrebasse, de l'Opéra-Comique.
Charon, contrebasse, concerts Lamoureux.
Martin, contrebasse, de l'Opéra.
Bertram, flûte-solo, de l'Opéra.
Aigre, flûte, concerts Lamoureux.
Balleron, flûte, concerts Colonne.
Milion, flûte.
Clerc, 1er hautbois-solo, de l'Opéra.
Bas, 1er hautbois, de l'Opéra.
Gilbert, 1er hautbois, de l'Opéra.
Vronne, clarinette-solo, 1er prix du Conservatoire.
Taffin, clarinette, concerts Colonne.
Baudoin, clarinette, concerts Colonne.
Couppas, basson-solo, des concerts Lamoureux.
Bourdeau, basson, de l'Opéra.
Letellier, basson, basson-solo de l'Opéra.
Reine, 1er cor-solo, cor-solo des concerts Lamoureux.
Penable, cor, de l'Opéra.
Delgrange, cor, de l'Opéra.
Bonvoust, cor, de l'Opéra.
Fauthoux, trompette, trompette-solo des concerts Lamoureux.

MM.

Kock, trompette, de l'Opéra.
Lachanand, 1ᵉʳ piston-solo, de l'Opéra.
Bello, piston, concerts Lamoureux.
Mondou, 1ᵉʳ trombone-solo, trombone-solo de l'Opéra.
Bilbaut, trombone, de l'Opéra.
Bèle, trombone, de l'Opéra.
Delapart, trombone, de l'Opéra.
Bouquet, trombone, 1ᵉʳ trombone des concerts Lamoureux.
Pilardeau, tuba, ex-tuba-solo de la Garde Républicaine.
Larruel, timbalier, 1ᵉʳ timbalier des concerts Lamoureux.
Canègre, timbalier, concerts Lamoureux.
De Félicis, tambour des concerts Lamoureux.
Laurent, grosse-caisse des concerts Lamoureux.
Bilbaut fils, triangle et accessoires.
Robert, harpiste, de l'Opéra.
Selz, pianiste accompagnateur.

ARTISTES DU CHANT QUI ONT PRÊTÉ LEUR CONCOURS AUX FESTIVALS

Mˡˡᵉ **Stéphanie Kerrion**, de l'Opéra-Comique.
Mᵐᵉ **Morena Ibanez**, du Théâtre Royal de Madrid.
Mᵐᵉ **Charlotte Galba**, du Théâtre Royal de Liège.
Mᵐᵉ **Denante**, *prix du Conservatoire*.
M. **Devilliers**, du Théâtre Royal de la Monnaie.
M. **de Longprez**, des Théâtres d'Amsterdam et d'Anvers.
M. **Bovet**, du Grand Théâtre de Lyon.
M. **Daraux**, des concerts Lamoureux.
M. **Génecaud**, du Grand Théâtre de Marseille.
M. **Morisson**, baryton.
M. **Manson fils**, des concerts Colonne.

*32 artistes de chœurs de l'Opéra
concerts Lamoureux, concerts du Conservatoire
et concerts Colonne.*

ARTISTES DES TABARINADES
de MM. Jules HOCHE et George DOCQUOIS

MM. Fernand Depas, ✦, directeur de la scène.
    Yves Martel.
    Angely.
Mlles Marguerite Frédérick.
    Blanche Deneige.

COMITE DE PATRONAGE

M le Président du Conseil
M. le Ministre de l'Instruction publique
et des Beaux-Arts
M. le Ministre du Commerce et de l'Industrie
M. le Directeur des Beaux-Arts
M. le Commissaire général de l'Exposition de 1900
M. le Président du Tribunal de Commerce
de la Seine
et M. le Président de la Chambre de Commerce
de Paris

MM.

Allain (Alfred), O. ✻, I. ✿. Ancien Maire du XIIe arrondissement, Président honoraire de la Chambre syndicale des Vins, ancien Vice-Président du Comité central des Chambres syndicales, 23, quai d'Anjou.

Ancelot (Alfred), ✻, ✿. Président de l'Association générale des Tissus et Matières textiles, Président de la Chambre syndicale des Dentelles et Broderies, Président de la Section française à l'Exposition d'Amsterdam 1895, Président du Comité français des Expositions à l'étranger, 12, rue de Hanovre.

Barbier (Jules), O. ✻. Auteur dramatique, 81, boulevard Berthier.

Bardoux (A.), Sénateur, Membre de l'Institut, ancien Ministre de l'Instruction publique et des Beaux-Arts, 37, rue Jean-Goujon.

MM.

Becque (Henri), ✻. Auteur dramatique, 104, avenue de Villiers.

Belin (Henri), ✻, I. ✻. Ancien Président du Cercle de la Librairie, ancien Président du Syndicat de la Propriété Littéraire et Artistique, Président du Jury supérieur à l'Exposition Internationale du Livre 1894, 52, rue de Vaugirard.

Béraldi (Henri), ✻. Collectionneur, 10, avenue de Messine.

Berger (Georges), G. O. ✻. Député de la Seine, Président de l'Union des Arts décoratifs, 8, rue Legendre.

Bernardel (Gustave). Luthier, 4, passage Saulnier.

Bing (S.), ✻. Collectionneur, 19, rue Chauchat.

Blondel-Erard (Albert), ✻. Facteur de pianos, 13, rue du Mail.

Bourgault-Ducoudray, ✻. Professeur au Conservatoire National de Musique et de Déclamation, 16, villa Molitor, Auteuil.

Bouvard (J.), O, ✻, ✻. Inspecteur général des services d'architecture de la Ville de Paris, Directeur des services d'architecture de l'Exposition universelle de 1900, 55, rue de Verneuil.

Carré (Albert), ✻. Directeur du théâtre du Vaudeville et du théâtre du Gymnase, 30, avenue des Champs-Elysées.

Cassien-Bernard, ✻. Architecte-adjoint du théâtre de l'Opéra, 7, rue Bonaparte.

Chabbert (Gaston), ✻, ✻. Secrétaire des Comités et du Jury de l'Exposition moderne et rétrospective militaire de 1889, 117, boulevard Malesherbes.

Chamerot (Georges), ✻. Président de la Chambre syndicale des imprimeurs-typographes, ancien Vice-Président du Cercle de la Librairie, 19, rue des Saints-Pères.

MM.

Chaperon (Ph.). Peintre-décorateur, 20, rue de Sambre-et-Meuse.

Charavay (Etienne), ✽, I. ✿. Collectionneur. Archiviste paléographe, 3, rue de Furstenberg.

Choudens (Paul de). Editeur de musique, 30, boulevard des Capucines.

Claretie (Léo), I. ✿. Homme de Lettres, 23, boulevard Malesherbes.

Coppée (François), O. ✽. Membre de l'Académie Française, 12, rue Oudinot.

Couvreur (Louis), ✽. Vice-Président de la Chambre de Commerce de Paris, Président du Comité parisien de l'Exposition de Bordeaux 1895, 237, rue Lafayette.

Danbé (Jules), ✽, ✿. Compositeur de musique. Chef d'orchestre de l'Opéra-Comique, 39, rue de la Victoire.

Dubouloz (J.). ✿. Président de la Chambre syndicale des appareils et produits photographiques, 9, boulevard Poissonnière.

Dupont (Emile), ✽. Président de l'Union des fabricants, 44, rue de Turbigo.

Duquesnel (Félix). Critique dramatique au *Gaulois*, ancien Directeur de l'Odéon et de la Porte-Saint-Martin, 18, rue de l'Arcade.

Ennery (Adolphe d'), C. ✽. Auteur dramatique, 59, avenue du Bois-de-Boulogne.

Estieu (Maurice), ✿. Secrétaire général de la Section française à l'Exposition d'Innsbruck (1896), Trésorier du Comité français des expositions à l'étranger, Trésorier du Comité français à l'Exposition d'Amsterdam (1895), 12, rue Marbeuf.

Expert-Bezançon (Charles), O. ✽. Président du Comité central des Chambres syndicales, 187, rue du Château-des-Rentiers.

MM.

Failliot, ✹, ✤. Maire du IV⁰ arrondissement, Président de la Chambre syndicale des Papiers en gros, 37, rue Sainte-Croix-de-la-Bretonnerie.

Faure (Maurice), ✤. Député. Rapporteur du budget des Beaux-Arts (1895), 9 *bis*, boulevard du Montparnasse.

Fauré Le Page, O. ✹. Vice-Président de la Chambre syndicale des armes, Président de la Section française à l'Exposition d'Innsbruck, 8, rue Richelieu.

Félix (E.), Président honoraire de la Chambre syndicale de la confection et de la couture pour dames, 15, faubourg Saint-Honoré.

Ferrier (Paul). Auteur dramatique, 4, rue de Londres.

Follot (Félix), ✹, I. ✤. Ancien Maire-adjoint du XII⁰ arrondissement, Vice-Président de la Société d'encouragement à l'art et à l'industrie, Membre du Conseil de l'Union centrale des Arts décoratifs, 43, boulevard Diderot.

Foucher (Gustave), ✹, ✤. Membre de la Chambre de commerce de Paris, ancien Président de section au Tribunal de commerce, 175, faubourg Poissonnière.

Gallet (Louis), ✹, I. ✤. Auteur dramatique, 1, square La Bruyère.

Garnier (Charles), C. ✹, Membre de l'Institut, Architecte du Gouvernement, Inspecteur général des Bâtiments civils, 90, boulevard Saint-Germain.

Garnier (Hubert), ✹. Ingénieur civil, Membre de la Chambre de commerce de Paris, ancien Président de section au Tribunal de commerce de la Seine, 105, quai d'Orsay.

Goubaud (Abel). ✹, Secrétaire du Syndicat de la Presse périodique, 3, rue du 4-Septembre.

MM.

Gruel (Léon), ✦, ✦. Président de la Chambre syndicale de la reliure, Vice-Président du Cercle de la Librairie, 418, rue Saint-Honoré.

Guilmant (Alexandre), ✦. Organiste, 62, rue de Clichy.

Hansen (Joseph). Maître de ballet du théâtre national de l'Opéra, 53, rue Blanche.

Hartmann (Georges), ✦, I. ✦. Collectionneur, Vice-Président de la Société d'économie industrielle et commerciale, 21, boulevard Morland.

Hetzel (Jules), O. ✦, I. ✦. Président du Cercle de la Librairie, Secrétaire du jury supérieur de l'Exposition de 1889, Secrétaire du Commissariat général Chicago (1893), Secrétaire de la Réunion des jurys des Expositions universelles, 18, rue Jacob.

Heugel (Henri), ✦. Editeur de musique, 2 bis, rue Vivienne.

Hottot, ✦. Statuaire, Editeur de bronzes d'art, Vice-Président de la Société d'encouragement à l'Art et à l'Industrie, 4, rue Martel.

Jambon (Marcel), ✦, ✦. Décorateur de théâtres, 73, rue Secrétan.

Joncières (Victorin), ✦, I. ✦. Compositeur de musique, Inspecteur des écoles de musique des départements, Critique musical à *La Liberté*, 10, rue de Castiglione.

Larroumet (Gustave), O. ✦, I. ✦. Membre de l'Institut, Directeur honoraire des Beaux-Arts, Professeur à la Sorbonne, Président de la Société d'encouragement à l'Art et à l'Industrie, 9, rue du Val-de-Grâce.

Legrand (Charles), ✦. Vice-Président de l'Association générale des Tissus et Matières textiles, 42, rue de Cléry.

Levallois (Ernest), ✦, I. ✦. Maire-adjoint du II° arrondissement, Président de la Chambre syndicale des Tissus nouveautés de France, 24, rue du Sentier.

MM.

Le Vasseur (A.), ✪, Librairie-Éditeur et Éditeur d'Estampes, 33, rue de Fleurus.

Lourdelet (Ernest), O. ✪, ✪. Secrétaire de la Chambre de commerce de Paris, Président de la Chambre syndicale des Négociants-Commissionnaires, Président de la Société des Industriels et Commerçants de France, 69, boulevard Magenta.

Lyon (Gustave), ✪. Facteur de pianos, Directeur de la maison Pleyel-Wolff et Cie, Vice-Président de la Chambre syndicale des Instruments de musique, 22, rue Rochechouart.

Malherbe (Charles). Archiviste-adjoint de l'Opéra, 34, rue Pigalle.

Maquet (Philippe), ✪. Editeur de musique, Président du Syndicat du Commerce de la musique, 25, rue de Londres.

Marck (Emile), ✪. ancien Directeur du théâtre national de l'Odéon, 70, rue Gay-Lussac.

Mascuraud (Alfred), ✪, I. ✪. Président de la Chambre syndicale de la Bijouterie imitation, ancien Président du Comité des Elections consulaires de la Seine, 8, rue du Général-Morin.

Massenet (Jules), O. ✪. Membre de l'Institut, Professeur au Conservatoire national de musique et de déclamation, 46. rue du Général-Foy.

Maujan, Ancien Député, 4, rue de la Cure (Passy).

Mendès (Catulle), ✪. Homme de Lettres, 6, quai de Seine, à Chatou (Seine-et-Oise).

Pinard (Alphonse), ✪. Président de l'Alliance syndicale, 9, rue d'Anjou.

Poincaré (Raymond), Député, ancien Ministre de l'Instruction Publique et des Beaux-Arts, ancien Ministre des Finances, Vice-Président de la Chambre des Députés, 3, rue Las-Cases.

MM.

Pougin (Arthur), I. ✿. Rédacteur en chef du *Ménestrel*, 135, faubourg Poissonnière.

Putois (Georges), ✿, ✿. Président de la Chambre syndicale du Papier et des Industries qui le transforment, 3, rue de Turbigo.

Rocca (Prince della), 60, rue de Courcelles.

Rosselet (Lucien), ✿. Commissaire général du Gouvernement Français à l'Exposition de Bruxelles de 1897.

Sandoz (Gustave-Roger), ✿. Secrétaire général de la Société d'Encouragement à l'Art et à l'Industrie, Secrétaire général du Comité français des Expositions à l'étranger, 10, rue Royale.

Sarcey (Francisque). Homme de Lettres, Critique dramatique au *Temps*, 59, rue de Douai.

Silvestre (Armand), ✿, I. ✿. Inspecteur des Beaux-Arts, 27, rue Godot-de-Mauroi.

Tabourier (Léon), ✿. Secrétaire de l'Association générale des Tissus et Matières textiles, 6, rue d'Aboukir.

Tharel (Léon), ✿. Président de la Société d'Economie industrielle et commerciale, 26, rue Notre-Dame-des-Victoires.

Thibouville-Lamy (Jérôme), O. ✿, ✿. Membre de la Chambre de commerce de Paris, Président de la Chambre syndicale des Instruments de musique, 70, rue Réaumur.

Thierry (Gustave), ✿, ✿. Président de la Chambre syndicale de la Céramique, 13, rue des Petites-Ecuries.

Widor (Charles), ✿. Compositeur de musique, Professeur au Conservatoire National de musique, 3, rue de l'Abbaye.

Xau (Fernand). Directeur du *Journal* et du *Soir*.

Zola (Emile), O. ✿. Homme de Lettres, 21, rue de Bruxelles.

RÈGLEMENT GÉNÉRAL

Article premier

L'Exposition du Théâtre et de la Musique se tiendra à **Paris** au **Palais de l'Industrie,** *du 25 juillet au 25 novembre 1896.*

Article 2

Sont spécialement admis à l'Exposition les travaux, les produits, les collections qui se distinguent par un mérite ou un intérêt quelconque, du moment qu'ils se rattachent au théâtre et à la musique.

Article 3

Sont exclues les matières détonantes, fulminantes et généralement toute chose jugée dangereuse ou susceptible d'incommoder le public. Les amorces, les pièces d'artifices, allumettes et autres objets analogues ne sont reçus qu'à l'état d'imitation.

La Direction peut toujours faire retirer les produits qui, par leur nature ou leur aspect, lui paraîtront nuisibles ou incompatibles avec le but ou les convenances de l'Exposition.

Article 4

Les demandes d'admission doivent parvenir à l'Administration de l'Exposition *avant le 31 mars*

1896, si elles proviennent d'industriels français, et avant le 30 avril, si elles viennent de l'étranger.

Article 5

Les demandes d'admission spécifieront exactement la nature de l'industrie ou des produits que l'on désire exposer. En signant sa demande, l'exposant prend l'engagement de se conformer aux prescriptions des règlements et aux mesures adoptées ou que pourraient prendre l'Administration et les jurys de l'Exposition.

Article 6

Un certificat, signé du Directeur ou du Secrétaire général autorisé, informera l'exposant de son admission à l'Exposition.

Article 7

Afin de réduire dans une certaine proportion les frais d'installation générale, de décoration, d'attraction, de publicité, etc., qui incombent à l'Administration, il sera perçu des droits d'exposition et d'entrée.

Article 8

Les *droits d'exposition* sont ainsi fixés :

a) 50 francs le mètre superficiel ou de façade ; la profondeur, dans le dernier cas, ne pourra dépasser un mètre ;

b) 80 francs le mètre superficiel ou de façade, pour les bars de dégustation ;

c) Les encoignures ou emplacements isolés paieront les façades supplémentaires, en sus de la superficie ;

d) Le prix des salons du rez-de-chaussée (32^m) est de 1,800 fr.; le tableau portant le nom de l'exposant sera fourni par l'Administration.

e) Le minimum des droits à percevoir est égal au prix d'un mètre.

Peuvent être exemptés, en tout ou partie, du droit d'exposition :

Les gouvernements, ministères, administrations publiques, musées, écoles, sociétés charitables, scientifiques ou artistiques, les ouvriers et généralement les exposants dont les produits présenteraient un intérêt exceptionnel.

Article 9

Le tarif des *droits d'entrée* est fixé comme suit :

0 fr. **50** le dimanche ;
1 franc les autres jours ;
3 francs le vendredi.

Ce tarif pourra être modifié par la Direction.

La Direction se réserve le droit de donner, s'il y a lieu, quatre grandes fêtes pour lesquelles le prix d'entrée sera fixé ultérieurement.

Article 10

Une seule carte d'entrée gratuite sera délivrée à chaque exposant.

Une carte d'entrée gratuite sera également accordée aux agents accrédités près de l'Administration aux termes de l'article 25, mais un même agent ne saurait avoir plus d'une carte, quel que soit le nombre d'exposants qu'il représente.

La photographie est exigée, et les cartes signées par les titulaires sont rigoureusement personnelles. Elles seront retirées s'il est constaté qu'elles ont été prêtées ou cédées à une autre personne, sans préjudice des poursuites de droit.

Article 11

Les droits dûs à l'Exposition sont payables, sur reçu signé du Directeur, en deux fois, savoir : moitié dans les quinze jours qui suivront l'envoi du certificat d'admission ; l'autre moitié le 5 juillet 1896.

Lorsque la totalité des droits n'excédera pas 100 francs, le payement aura lieu, en une seule fois, dans la quinzaine qui suivra l'envoi du certificat d'admission.

Article 12

L'exposant qui ne payera pas son deuxième versement ne pourra réclamer le premier, lequel demeurera acquis à l'Administration à titre d'indemnité, et ce sans aucune formalité judiciaire ou autre. Par le seul fait de non-payement, l'exposant sera déchu de la faculté d'exposer et l'Administration pourra disposer de son emplacement.

Article 13

Pourront également être déchus du droit d'exposer, sans recours contre l'Administration pour les sommes versées, les exposants qui, sauf le cas de force majeure, n'auront pas pris possession de leur emplacement le 20 juillet 1896, ou n'auront pas terminé leur installation au moment de l'inauguration.

Article 14

Les exposants devront se conformer aux prescriptions de l'Administration en ce qui concerne la répartition des emplacements. Ils s'engagent à n'exposer ou vendre que les produits dénommés sur le certificat d'admission. Toute infraction à cette règle peut entraîner l'exclusion, sans indemnité.

Article 15

Pourra être exclu dans les mêmes conditions tout exposant qui interpellerait les visiteurs, ou dont les expériences gêneraient le public ou ses collègues, soit par le bruit, soit autrement.

Article 16

Les vitrines, pavillons, inscriptions, etc., sont établis par les soins des exposants et à leurs frais, en se conformant aux prescriptions de l'architecte pour l'harmonie et la décoration de leur emplacement.

Article 17

La hauteur des installations est fixée à 3 mètres au maximum. Pour les cas spéciaux nécessitant plus grande hauteur, on devra en référer à la Direction. L'Administration se réserve le droit d'enlever ou de réduire les cloisons du pourtour de la nef qui dépasseraient cette dimension.

Article 18

Aucun nom autre que celui de l'exposant ne peut être inscrit dans ou sur son installation, à moins d'autorisation spéciale.

Article 19

Les exposants dont les installations nécessitent des travaux spéciaux : terrassement, canalisation, etc., le déclareront dans leur demande d'admission et en indiqueront l'importance. Ces travaux seront exécutés sous la surveillance de l'architecte du palais qui en fera un devis approximatif, y compris la remise en état des lieux, pour le montant en être versé à l'avance à titre de cautionnement.

Article 20

L'électricité, le gaz et l'eau sont fournis aux exposants et à leur charge par les Compagnies et la Ville de Paris, aux conditions ordinaires de leurs polices.

Il n'est pas fourni de force motrice, les machines en mouvement n'étant pas admises à l'Exposition.

Article 21

L'emballage et le transport des produits envoyés à l'Exposition sont à la charge des exposants pour l'aller et le retour.

Afin de faciliter la mise en place, un service de manutention pourra être établi au Palais, mais son emploi est facultatif.

Article 22

Des demandes de réduction seront adressées, dans

l'intérêt des exposants, aux Compagnies de transports.

Article 23

Des démarches seront également faites près de la Douane pour l'admission temporaire des produits étrangers.

Article 24

Les exposants ont la faculté de faire garder leurs produits par un agent de leur choix, agréé par l'Administration.

Article 25

La Direction de l'Exposition fera surveiller les produits exposés par son personnel, mais elle ne sera, en aucun cas, responsable des dégâts, accidents, incendies, vols, détournements ou dommages quelconques qui pourraient survenir, quelle qu'en soit la cause ou l'importance.

Elle attire plus particulièrement l'attention des exposants sur les fuites d'eau provenant de la toiture ou des conduites du Palais et les invite à prendre les précautions nécessaires contre cette éventualité, déclinant toute responsabilité à cet égard.

Article 26

Il sera dressé un Catalogue général d'après les indications des demandes d'admission. La raison sociale et la mention sommaire des produits exposés y seront insérées gratuitement.

Article 27

La reproduction des objets exposés est interdite, à moins d'autorisation spéciale de l'Exposant. L'Administration devra en être informée par lettre; néanmoins, elle ne garantit pas l'exécution de cette clause. La reproduction de vues d'ensemble peut être autorisée par la Direction.

Article 28

Les exposants doivent tenir leurs vitrines ou emplacements suffisamment garnis. Leurs installations resteront ouvertes aux heures d'entrée du public, même le soir, s'il y a lieu, sous peine d'exclusion sans indemnité.

Article 29

Les produits vendus ne peuvent être enlevés pendant les heures d'entrée des visiteurs ; ils seront immédiatement remplacés par des articles semblables.

Article 30

Aussitôt après la clôture de l'Exposition, les exposants procéderont à l'emballage des produits et à l'enlèvement des installations. Cette opération devra être terminée, au plus tard, six jours après la fermeture. Passé ce délai, l'Administration les fera emporter d'office et consigner dans un magasin aux frais, risques et périls des exposants. Un mois après, les objets qui n'auraient pas été retirés de ce magasin seront vendus publiquement et le produit net de la vente appliqué à une œuvre d'intérêt général désignée par l'Administration.

Article 31

La prolongation de l'Exposition ou l'ajournement de son ouverture ne donnera lieu à aucune indemnité, soit de la part des exposants ou concessionnaires, soit de la part de l'Administration.

Le Secrétaire général, *Le Directeur,*
O. Lartigue.   L. Abaye.

RÈGLEMENT DES JURYS

Article premier

Des récompenses seront décernées aux Exposants. Elles consistent en :

Diplômes d'honneur.
— de médaille d'or.
— — de vermeil.
— — d'argent.
— — de bronze.
— de mention honorable.
— de collaborateurs.

Article 2

La désignation des lauréats est faite par un Jury divisé en : Jury de section et Jury supérieur.

Article 3

Les sections sont formées par les soins du Commissaire général, qui détermine, d'après leur importance, le nombre des jurés pour chacune d'elles. Ces jurés sont nommés : moitié par les Exposants, moitié par le Commissaire général.

Article 4

Le Bureau de chaque section comprend : un Président, un Vice-Président, un Secrétaire-Rapporteur, élus par les jurés de la section.

Article 5

Les décisions des Jurys de sections, en cas de reclamations, sont soumises au Jury supérieur.

Article 6

Le Président du Jury supérieur est désigné par le Commissaire général avant l'ouverture des opérations du Jury. Le Jury supérieur est composé des bureaux des Jurys de sections. Les Vice-Présidents et Secrétaires sont élus par les membres du Jury supérieur.

Article 7

En cas de non-acceptation d'un ou plusieurs Jurés, de démission, d'empêchement quelconque, le Commissaire général pourvoira à leur remplacement.

Article 8

Nul Exposant ne peut se soustraire au jugement du Jury.

Article 9

Seront déclarés « Hors Concours » les seuls Exposants qui feront partie du Jury, ou qui auront été appelés à donner leur avis en qualité d'experts, ou les collectivités qui en feront la demande.

Article 10

Les Exposants ne peuvent soumettre à l'examen du Jury que les produits désignés sur le certificat d'admission. Lorsque ces objets seront susceptibles d'être rattachés à plusieurs sections, l'Exposant choisira celle par laquelle il désire les faire examiner.

On ne peut décerner deux récompenses pour le même produit.

Lorsque, par suite d'erreur ou double emploi, les produits d'un exposant auront été récompensés par les Jurys de deux ou plusieurs sections, le Jury supérieur sera seul juge de la récompense qui devra être définitivement attribuée.

Article 11

Les diplômes de collaborateur sont d'une égale valeur. Le Jury supérieur en détermine le nombre. Ils ne peuvent être accordés qu'aux collaborateurs d'exposants hors concours ou ayant obtenu un diplôme d'honneur ou une médaille d'or.

Article 12

Toutes les récompenses seront motivées dans les rapports de section. Comme l'Administration se réserve le droit de publier ces rapports, les Secrétaires donneront également un résumé des appréciations générales du Jury sur l'industrie examinée par la section.

Article 13

L'Administration n'interviendra d'aucune façon dans les délibérations du Jury; elle lui laisse l'entière responsabilité de ses décisions.

Article 14

Une médaille, exécutée par l'Administration, sera mise à la disposition des exposants qui désireraient l'acquérir.

Article 15

La Section spéciale de l'Alimentation constituant une annexe à l'Exposition du Théâtre et de la Musique est l'objet d'un règlement particulier.

Article 16

La distribution solennelle des récompenses aura lieu à la clôture de l'Exposition.

Le Commissaire général,
Lucien Layus.

Vu et approuvé : Vu et approuvé :
Le Secrétaire général, *Le Directeur,*
O. Lartigue. L. Abaye.

CLASSIFICATION

GROUPE I

Instruments de Musique

Pianos, Orgues, Harmoniums. — Instruments à cordes. — Instruments à vent. — Pièces détachées. — Matières et accessoires pour la construction des instruments de musique.

COMITÉ DU GROUPE I

Président :

M. THIBOUVILLE-LAMY, O. ✻, ✿, Fabricant d'instruments de musique, Membre de la Chambre de Commerce, Président de la Chambre syndicale des Instruments de musique, 68, rue Réaumur.

Vice-Présidents :

M. LYON (Gustave), ✻, chef de la maison Pleyel, Wolff et Cie, Facteur de pianos et harpes, Vice-Président de la Chambre syndicale des Instruments de musique, 22, rue Rochechouart.

M. MUSTEL (Auguste), Facteur d'harmoniums et célestas, 168, rue Saint-Maur.

Secrétaires :

M. Acoulon (Alfred-Alexandre), ✼, de la maison Thibouville-Lamy et Cⁱᵉ, Fabricant d'instruments de musique, 68, rue Réaumur.

M. Gaveau (Gabriel-Emmanuel-Joseph), Facteur de pianos, 47-49, rue Servan.

Membres :

M. Blondel (Albert), ✼, Directeur de la maison Erard, Facteur de pianos et harpes, 13, rue du Mail.

M. Bord (A.), Facteur de pianos, 14 bis, boulevard Poissonnière.

M. Couesnon (Amédée), ✼, Fabricant d'instruments de musique, 94, rue d'Angoulême.

M. Evette (Paul), ✼, Fabricant d'instruments de musique, 18, passage du Grand-Cerf.

M. Gouttière (Edmond), I. ✼ (Maison Elké), Facteur de pianos, Vice-Président de la Chambre syndicale des Instruments de musique, 47, rue de Babylone.

M. Kriegelstein (Charles), ✼, Facteur de pianos, 4, rue Charras.

Commissaire :

M. Mangeot, ✼, Directeur du *Monde Musical*, 3, rue du 29-Juillet.

GROUPE II

Architecture, Matériel et Accessoires de Théâtre

Plans de théâtre. — Machinerie en général. — Praticables, Trucs, Décors. — Cartonnage de théâtre. — Aménagement des salles. — Matériel d'incendie et de sauvetage. — Corderies. — Accessoires et matériel pour Théâtres forains, Cirques, Banques, etc. — Musées de cire. — Machines.

COMITÉ DU GROUPE II

Président :

M. Garnier (Hubert), ✠, Ingénieur civil, Membre de la Chambre de Commerce de Paris, Vice-Président de la Chambre syndicale des Entrepreneurs de travaux publics de France, 26, rue Boursault.

Vice-Président :

M. Pierron (Eugène), O. ✠, ✪, Ingénieur, Architecte-Voyer en chef adjoint de la Ville de Paris, Ingénieur des constructions métalliques, Exposition de 1889, 39, avenue de la République.

Secrétaire :

M. Defrasse (Alphonse), Architecte, Membre du Comité de la Société des Architectes diplômés par le gouvernement, 1er prix de Rome d'architecture, médaille d'honneur au Salon, 7, rue de l'Odéon.

Membres :

M. Bonnier (Louis), I. ✪, Architecte du Gouvernement et de la Ville de Paris, Secrétaire de la Société d'Encouragement à l'Art et à l'Industrie, premier inspecteur à l'Exposition universelle de 1889, 31, rue de Berlin.

M. Carue (Ph.), ✺, corderie et gymnastique, Vice-Président de la Chambre Syndicale de la Corderie, 269, rue Saint-Denis.

M. Le Coustellier (Cyprien), O. ✺, ✺, Directeur de la Corderie Abbevilloise, Abbeville (Somme).

M. Pucey (Henri), ✺, ✺, Architecte, membre de la Société Centrale des Architectes Français, 45, rue de Courcelles.

GROUPE III (*A*)

Industries Graphiques

Enseignement de la Musique. — Editions musicales. — Impressions musicales pour aveugles. — Imprimerie en tous genres, en noir et en couleurs. — Affiches et programmes de théâtre. — Librairie. — Reliure. — Estampes. — Industries du papier et papeterie. — Publications périodiques.

COMITÉ DU GROUPE III (*A*)

Président :

M. Belin (Henri), ✺, I. ✺, Imprimeur-Editeur, ancien Président du Cercle de la Librairie, 52, rue de Vaugirard.

Vice-Présidents :

M. Chamerot (Georges), ✺, Imprimeur, Président de la Chambre Syndicale des Imprimeurs-Typographes, 19, rue des Saints-Pères.

M. Maquet (Philippe), ✻, Editeur de musique, Président de la Chambre Syndicale de Commerce de musique, Vice-Président de la Société des Auteurs compositeurs de musique, 25, rue de Londres.

Secrétaire :

M. Goubaud (Abel), ✻, Libraire-Editeur, Secrétaire du Syndicat de la Presse périodique, 3, rue du Quatre-Septembre.

Membres :

M. Bonnier (Pierre), Docteur en médecine, chargé de la clinique laryngologique et otologique à l'hôpital Cochin et au dispensaire Rothschild, 8, rue de Ponthieu.

M. Chaix (Alban), ✻, ✸, Imprimeur-Editeur, 20, rue Bergère.

M. Champenois (Ferdinand), ✻, Imprimeur-Editeur, ancien Président de la Chambre des Imprimeurs-lithographes, ancien Vice-Président du Cercle de la Librairie, 66, boulevard Saint-Michel.

M. Failliot (Auguste), ✻, ✸, Fabricant de papiers, Président de la Chambre des papiers en gros, 37, rue Sainte-Croix-de-la-Bretonnerie.

M. Fasquelle (Eugène), ✻, Libraire-Editeur, 11, rue de Grenelle.

M. Geisler (G.-Louis), Fabricant de papier et imprimeur, aux Chatelles, par Raon-l'Etape, et 14 *bis*, rue des Minimes.

M. Gruel (Léon), ✻, ✸, Relieur, Président de la Chambre Syndicale de la Reliure, 418, rue Saint-Honoré.

M. Hetzel (Jules), O. ✻, I. ✸, Libraire-Editeur, Président du Cercle de la Librairie, Secrétaire de la Réunion des Jurys et Comités des Expositions Universelles, 18, rue Jacob.

M. Le Vasseur (A.), ⚜, Libraire-Editeur, 33, rue de Fleurus.

M. May (Henri-L.), O. ⚜, I. ⚜, Imprimeur-Editeur, Président du Syndicat du Matériel et du Mobilier, 7, rue Saint-Benoît.

M. Norberg (Jules), ⚜, Imprimeur-Editeur, Vice-Président du Cercle de la Librairie, 9, rue d'Argenteuil.

M. Périer-Lefranc (Louis), Fabricant de couleurs, vernis, encres d'imprimerie, ex-Vice-Président de la Chambre Syndicale des Produits chimiques de Paris, 64, rue de Turenne.

M. Putois (Georges), ⚜, ⚜, Fabricant de papiers de fantaisie, Président de la Chambre Syndicale du Papier et des Industries qui le transforment, 3, rue de Turbigo.

M. Wittmann (Charles), Imprimeur en taille-douce, 10, rue de l'Abbaye.

Commissaire :

M. Dubouloz (J.), ⚜, Président de la Chambre syndicale des Appareils et produits photographiques, 9, boulevard Poissonnière.

GROUPE III (*B*)

Photographie, Matériel des Arts et des Sciences

Photographie (Appareils, Produits, Epreuves). — Instruments d'optique, Jumelles de théâtre. — Instruments de précision, Métronomes, etc. — Théâtrophone, Phonographe, Kinétoscope, Cinématographe.

COMITÉ DU GROUPE III (*B*)

Président :

M. BALBRECK ainé (Maximilien), ✽, Constructeur d'instruments de précision et de photographie, Vice-Président de la Chambre Syndicale des Instruments d'optique et de précision, 81, boulevard du Montparnasse.

Vice-Présidents :

M. HANAU (Eugène), ✽, Fabricant d'appareils photographiques, Vice-Président de la Chambre Syndicale des Fabricants et Négociants de la photographie, 27, boulevard de Strasbourg.

M. OTTO, Photographe, 3, place de la Madeleine.

Secrétaire :

M. DEMARIA (Jules), Fabricant d'articles photographiques, Secrétaire de la Chambre syndicale des Fabricants et négociants de la photographie, 2, rue du Canal-Saint-Martin.

Membres :

M. DAVANNE, O. ✽, Président de la Société Française de Photographie, 82, rue des Petits-Champs.

M. FLEURY-HERMAGIS (Jules), ✽, Opticien, Président de la Chambre syndicale des fournitures de photographie, 18, rue de Rambuteau.

M. GAUMONT (Léon), Directeur du Comptoir général de photographie, 57, rue Saint-Roch.

M. MARC-LEROUX, Directeur de l' « Annuaire Général de Photographie », 12, boulevard des Italiens.

M. Monti (Ch.), Fabricant d'appareils photographiques, Vice-Président de la Chambre Syndicale des Fabricants et négociants de la photographie, 124, rue Lafayette.

M. Vidal (Léon), I. ✪, Directeur du « Moniteur de la Photographie », Président honoraire du Syndicat de la Photographie, 7, rue Scheffer.

Commissaire:

M. Dubouloz (J.), ✪, Président de la Chambre syndicale des appareils et produits photographiques, 9, boulevard Poissonnière.

GROUPE IV

Industries du Costume et du Vêtement et Ornements du Vêtement. Industries textiles

Costumes de théâtre. — Vêtements pour hommes. — Vêtements pour dames. — Bonneterie, Lingerie. — Tulles et dentelles. — Broderie, Passementerie. — Corsets, Chaussures, Coiffure, Boutons. — Fleurs et plumes. — Modes, Chapellerie. — Éventails. — Ganterie. — Ombrelles, Parapluies, Cannes. — Tissus de lin, chanvre, coton, laine. — Tissus de soie. — Tissus d'ameublement.

COMITÉ DU GROUPE IV

Président:

M. ANCELOT, ※, ⚜, Président de l'Association générale des Tissus et Matières Textiles, Président de la Chambre Syndicale des Dentelles et Broderies, ancien Président du Comité de la Section française à l'Exposition d'Amsterdam (1895), Président du Comité Français des Expositions, 12, rue de Hanovre.

Vice-Présidents :

M. FÉLIX (Emile Poussineau dit), ※, Président honoraire de la Chambre Syndicale de la Confection et de la Couture, 15, faubourg Saint-Honoré.

M. SIMONNOT-GODARD (Louis-Victor), ※, Fabricant de Batistes et Mouchoirs, ancien Secrétaire de l'Association générale des Tissus et Matières textiles, 33, rue du Sentier.

M. DUVELLEROY (Georges), ⚜, Fabricant d'Eventails, Membre de la Chambre syndicale des Eventaillistes, 17, passage des Panoramas.

Secrétaires :

M. LE MAIRE-DEMOUY (Paul), ※, Fabricant de fleurs artificielles, Président de la Chambre syndicale des fabricants de fleurs, 10, rue de l'Université.

M. NOIROT-BIAIS (Henri), Fabricant de Broderies, 74, rue Bonaparte.

Membres :

M. BATAILLE (L.), Président de la Chambre syndicale de la Coiffure, 52, rue d'Amsterdam.

M. BELLAN (Léopold), ⚜, Fabricant de Tulles perlés, Membre du Conseil municipal de Paris, 30, rue des Jeûneurs.

M. Bessand (Paul), Directeur de la Belle-Jardinière, rue du Pont-Neuf.

M. Blondet (Louis), Fabricant de Tissus pour ameublements, 20, rue du Sentier.

M. Buissot (Emile), Fabricant d'Eventails, 46, rue des Petites-Ecuries.

M. Charvet, Président de la Chambre Syndicale des Chemisiers, 25, place Vendôme.

M. Forest (Jacques), Fabricant de plumes pour parures, Vice-Président de la Chambre Syndicale des Fabricants de plumes pour parures, 21, rue de la Michodière.

M. Goulette, ✿, Président de la Chambre syndicale de la Passementerie, 15, rue Notre-Dame-des-Victoires.

M. Grut fils, Président de la Chambre syndicale des Corsets, 127, rue Saint-Martin.

M. Hénon (Henri), ✿, Fabricant de Dentelles, Président de la Chambre Syndicale des Fabricants de Tulles et Dentelles de Calais, 82, rue des 4 Coins, Calais.

M. Jeandron-Ferry, Fabricant de chaussures, 2, rue Auber.

M. Jodon (Anatole), Fabricant de Tissus, ancien Vice-Président de l'Association Générale des Tissus et Matières textiles, 34, boulevard des Italiens.

M. Kahn (Paul), Fabricant de Confections pour enfants, 20, rue du Mail.

M. Legrand (Charles), ✿, Fabricant de Tissus pour ameublements, Vice-Président de l'Association Générale des Tissus, 42, rue de Cléry.

M. Lemariey (Lucien), ✿, Eventailliste, Membre du Bureau de la Chambre Syndicale des Tissus et Matières textiles, 69, rue d'Hauteville.

M. Levallois (Ernest), ✻, Négociant en Tissus, Président de la Chambre Syndicale des Tissus nouveautés de France, maire-adjoint du 2ᵉ arrondissement, 24 rue du Sentier.

M. Mallemont (A.), Conseiller Prud'homme de la Seine, Président de la Société de Secours mutuels Saint-Louis et Union réunies, 81, rue du faubourg Saint-Honoré.

M. Marcault (Georges), Fabricant de gants, ancien Président de la Chambre syndicale de la Ganterie et des peaux pour gants, 8, boulevard Bonne-Nouvelle.

M. Morhange (Alfred), de la maison Sara Mayer et Morhange, Vice-Président honoraire de la Chambre syndicale de la Couture et de la confection, rue du Helder, 3 et 5.

M. Mouilbau (Jean-Jules), Fabricant de tissus élastiques, 4, rue Etienne-Marcel.

M. Perdoux, Président de la Chambre syndicale de la Confection et de la couture, 40, rue Notre-Dame-des-Victoires.

M. Petit (Auguste), Président de l'Académie de Coiffure, 7, rue de la Paix.

M. Petitdemange (E.), Président de la Chambre syndicale des Dessinateurs industriels, 14, rue d'Uzès.

M. Révillon (Anatole), ✻, Vice-Président de la Chambre syndicale des Fourreurs, 77, rue de Rivoli.

M. Storch (Léon), Fabricant de vêtements confectionnés pour dames, ancien Secrétaire de la Chambre syndicale de la Confection et de la couture pour dames et enfants, 27, rue d'Aboukir.

M. Tabourier (Léon), ✻, Fabricant de Tissus, Secrétaire de l'Association générale des Tissus et matières textiles.

Commissaires :

MM. Brylinski, ✻, ⚜, et Cheminais, ⚜, 12, boulevard des Italiens.

GROUPE V

Industrie du Meuble

Ameublement des scènes de théâtre. — Aménagement de foyers et loges d'artistes. — Ébénisterie, Sculpture sur bois. — Ouvrages du tapissier et du décorateur. — Tapis et tapisseries. — Stores. — Linoleum. — Papiers peints.

COMITÉ DU GROUPE V

Président :

M. Quignon (Gustave), ✻, Fabricant de meubles d'art, 38, rue Saint-Sabin.

Vice-Présidents :

M. Follot (Félix), ✻, I., ⚜, Fabricant de papiers peints, ancien maire-adjoint du XII⁰ arrondissement, boulevard Diderot, 43.

M. Legrand (Charles), ✻, Fabricant de tissus pour ameublements, Vice-Président de l'Association générale des Tissus et matières textiles, 42, rue de Cléry.

Secrétaire :

M. Soubrier (François), Fabricant de meubles, 14, rue de Reuilly.

Membres :

M. Blondet (Louis), Fabricant de tissus pour ameublements, 20, rue du Sentier.

M. Boverie, Fabricant de meubles, 115, faubourg Saint-Antoine.

M. Chevrie (Auguste-Eugène), Fabricant de meubles d'art, Président de la Chambre syndicale de l'ameublement de Paris, 7, rue de Braque.

M. Dienst, ébéniste, Vice-Président de la Chambre syndicale de l'Ameublement, 86, faubourg Saint-Antoine.

M. Hamot (Georges), ✻, Fabricant de tapisseries, rue Richelieu, 75.

M. Hollande (Jules), ✻, ✿, Négociant en bois des îles, Membre de la Commission des Valeurs de Douane, 114, rue de Charenton.

M. Jansen (J.-H.), Tapissier, 9, rue Royale.

M. Schmit (Frédéric), ✻, Fabricant de meubles, 22, rue de Charonne.

M. Ternisien (Eugène-Hippolyte), Tapissier-décorateur, 334, rue Saint-Honoré.

GROUPE VI

Éclairage et Chauffage

Divers systèmes d'éclairage et de chauffage pour salles de théâtre. — Procédés d'éclairage des rampes de théâtre. — Appareils spéciaux pour projections sur la scène. — Électricité. — Gaz. — Pétrole. — Divers produits d'éclairage et de chauffage et appareils.

COMITÉ DU GROUPE IV

Président :

M. Pinard (Alphonse), ✻, Maitre de forges, Président de l'Alliance syndicale des Fabricants d'appareils de chauffage, 9, rue d'Anjou.

Vice-Présidents :

M. Bonnier (Louis), I. ✻, Architecte du Gouvernement et de la Ville de Paris, Secrétaire de la Société d'encouragement à l'Art et à l'Industrie, premier inspecteur à l'Exposition Universelle de 1889, 31, rue de Berlin.

M. Lamaille (Geo), ✻, Ancien Secrétaire de la Chambre syndicale des Négociants-Exportateurs, 35, boulevard de Strasbourg.

Secrétaires :

M. Aumeunier (Antoine), Fabricant de bronzes d'éclairage, Trésorier de la Chambre syndicale des Ferblantiers-Lampistes, 19, rue Béranger.

M. Foveau de Courmelles, Docteur en médecine, Professeur libre d'électricité médicale à l'Ecole pratique de l'Ecole de médecine, 26, rue Le Peletier.

Membres :

M. Defrasse (Alphonse), Architecte, Membre du Comité de la Société des Architectes diplômés par le Gouvernement, 1ᵉʳ prix de Rome d'architecture, Médaille d'honneur au Salon, 7, rue de l'Odéon.

M. Garnier (Hubert), ✻, Ingénieur civil, Membre de la Chambre de Commerce, Vice-Président de la Chambre syndicale des Entrepreneurs de Travaux publics de France, 26, rue Boursault.

M. Mégret (Emile), de la maison Bengel et Mégret, Fabricant de bronzes d'éclairage, 64, avenue Parmentier.

M. Pierron (Eugène-Vincent), O. ✻, ⚜, Ingénieur, Archiviste-Voyer en chef adjoint de la Ville de Paris, Ingénieur des constructions métalliques Exposition de 1889, 39, avenue de la République.

M. Piot, Fabricant d'appareils d'éclairage, 72, rue Sainte-Anne.

M. Pucey (Henri), ✻, ⚜, Architecte, Membre de la Société centrale des Architectes français, 45, rue de Courcelles.

M. Rau (Louis), ✻, Administrateur de la Compagnie continentale Edison, Membre de la Chambre syndicale des Industries électriques, 7, rue Montchanin.

M. Vildieu, Fabricant de bronzes d'éclairage, 80, rue de Turenne.

GROUPE VII (A)

Industries Chimiques, Pharmacie et Hygiène

Produits chimiques. — Produits pharmaceutiques. — Hygiène (produits et appareils d'). — Appareils de ventilation pour théâtres, salles de spectacle et autres.

COMITÉ DU GROUPE VII (A)

Président :

M. Lefebvre (Georges), Président de la Chambre syndicale des Produits chimiques, 60, rue de Bondy.

Vice-Présidents :

M. Beurnier (Louis), I. ✿, Docteur en médecine, Chirurgien des Hôpitaux de Paris, 12, rue de Bourgogne.

M. Monin (E.), ✿, I. ✿, Docteur en médecine, Secrétaire général de la Société française d'Hygiène, 40, rue du Luxembourg.

Secrétaires :

M. Debuchy (Emile), ✿, Ingénieur des Arts et Manufactures, Fabricant de Produits pharmaceutiques, 17, rue Vieille-du-Temple.

M. Pucey (Henri), ✿, ✿, Architecte, Membre de la Société centrale des Architectes, 45, rue de Courcelles.

Membres :

M. Adrian, ✿, Fabricant de Produits chimiques, ancien Président de la Chambre syndicale des Produits chimiques, 9, rue de la Perle.

M. Buchet (Charles), ✿, Fabricant de Produits chimiques et pharmaceutiques, Directeur de la Pharmacie centrale de France, 7, rue de Jouy et 21, rue des Nonnains-d'Hyères.

M. Chalmel (Gustave), ✿, Fabricant de couleurs et vernis, Vice-Président de la Chambre syndicale des Produits chimiques, 32, avenue Daumesnil.

M. Chassaing (Eug.), ✿, ✿, Fabricant de Produits pharmaceutiques, 6, avenue Victoria.

M. Foveau de Courmelles, ✿, Docteur en médecine, Professeur libre d'électricité médicale à l'Ecole pratique de la Faculté de médecine, 26, rue Le Peletier.

M. Périer-Lefranc (Louis), Fabricant de couleurs, vernis et encres, 64, rue de Turenne.

M. Prunier (Georges), Fabricant de Produits pharmaceutiques, Secrétaire-adjoint de la Chambre syndicale des Fabricants de Produits pharmaceutiques de France, 6, avenue Victoria.

M. Souplet (Abel), Docteur en médecine, 30, rue Bonaparte.

M. Wickham (Georges), ✻, I. ✦, Fabricant d'appareils orthopédiques, Président de la Caisse d'Assurances mutuelles des Chambres syndicales contre les accidents du travail, 16, rue de la Banque.

GROUPE VII (*B*)

Parfumerie

Produits et objets relatifs à l'art de grimer. — Fards, Crayons spéciaux pour le théâtre. — Parfumerie et articles de toilette.

GROUPE VIII

Industrie du Métal

Armes de théâtre ou d'apparat, Armes diverses, Armures. — Escrime et matériel d'escrime. — Serrurerie. — Ferronnerie. — Coutellerie. — Orfèvrerie. — Bijouterie, Joaillerie. — Bronze. — Horlogerie.

COMITÉ DU GROUPE VIII

Président :

M. Aucoc (Louis), ✻, Fabricant bijoutier-joaillier, Président de la Chambre syndicale de la Bijouterie, Joaillerie et Orfèvrerie de Paris, 9, rue du 4-Septembre.

Vice-Présidents :

M. Debain, Orfèvre, Vice-Président de la Chambre syndicale de la Bijouterie-Joaillerie et Orfèvrerie, 79, rue du Temple.

M. Susse (Albert), ✻, ✻, Fabricant de bronzes, Editeur, 31, place de la Bourse.

Secrétaires :

M. Ligier (Emile), ✻, Fabricant de bijouterie acier, Secrétaire du Syndicat général de l'Union nationale du Commerce et de l'Industrie, Vice-Président de la Chambre syndicale de la Bijouterie-Imitation, 118, rue de Turenne.

M. Sandoz (Gustave-Roger), ✻, Fabricant d'horlogerie, bijouterie, joaillerie, Secrétaire général du Comité français des Expositions à l'étranger et de la Société d'encouragement à l'Art et à l'Industrie, 10, rue Royale.

Membres :

M. Blot (Eug.), ✻, Fabricant de fontes d'art, 84, rue des Archives.

M. Boulenger (Adolphe-Charles-Louis), ✻, Fabricant d'orfèvrerie, Président de la Chambre syndicale des Fabricants de couverts orfèvrerie, 4, rue du Vert-Bois.

M. Colin (Emile-Henri), ✻, Fabricant de bronzes, ancien Vice-Président de la Réunion des Fabricants de bronzes, 17, rue des Tournelles.

M. Coutelier (Edmond), ✻, Fabricant de zinc, plomb, cuivre repoussés, 52, boulevard Richard-Lenoir.

M. Fauré-Le Page, O. ✻, Fabricant d'armes, Vice-Président de la Chambre syndicale des Armes, 8, rue de Richelieu.

M. Hottot (Louis), ✻, Editeur de sculptures d'Art, bronzes, ancien Vice-Président de la Chambre syndicale du bronze-imitation, 4, rue Martel.

M. Lamaille (Geo), ✻, ancien Secrétaire de la Chambre syndicale des Négociants-Exportateurs, 35, boulevard de Strasbourg.

M. Mascuraud (Alfred), ✻, I. ✻, Bijoutier, Président de la Chambre syndicale de la Bijouterie-Imitation et industries qui s'y rattachent, Conseiller prud'homme, 8, rue du Général-Morin.

M. Maupomé (Louis-Victor), Horloger-Joaillier, 137, boulevard de Sébastopol.

M. Pinard (Alphonse), ✻, Maître de forges, Président de l'Alliance syndicale, Président de la Chambre syndicale des Fabricants d'appareils de chauffage, 9, rue d'Anjou.

M. Rodanet (Auguste-Hilaire), O. ✻, I. ✻, Constructeur de chronomètres de la marine de l'Etat, Membre de la Chambre de Commerce de Paris, Président de la Chambre syndicale et de l'Ecole d'Horlogerie de Paris, 36, rue Vivienne.

M. Tallois (Emile-Amédée), orfèvrerie argent, 19, boulevard de Strasbourg.

M. Vildieu (Albert), Fabricant de bronzes, 80, rue de Turenne.

GROUPE IX

Objets fabriqués en Cuir, Ivoire, Corne, Nacre, Caoutchouc, Sellerie

Maroquinerie. — Nécessaires et Articles de voyage, Brosserie. — Tabletterie. — Vannerie. — Bimbeloterie. — Articles de Paris. — Jouets et Jeux. — Sellerie. — Harnachement.

COMITÉ DU GROUPE IX

Président:

M. Dupont (Emile), ❋, ❋, Fabricant de brosserie et tabletterie, Président de l'Union des fabricants pour la répression de la contrefaçon, 44, rue de Turbigo.

Vice-Président:

M. Sormani (Paul), ❋, Fabricant de trousses et sacs de voyages, 10, rue Charlot.

Secrétaire:

M. Amson (Arthur), ❋, Fabricant de maroquinerie, 68, rue de la Folie-Méricourt.

Membres:

M. Caen (Gustave), ❋, Manufacturier en cuirs, 155, rue de Rivoli.

M. Carue (Ph.), ❋, corderie et gymnastique, Vice-Président de la Chambre syndicale de la Corderie, 269, rue Saint-Denis.

M. Denant, ❋, Fabricant de cuirs vernis, 8, rue de Valenciennes.

M. Leloir (Albert), brosserie, 14, rue de Commines.

GROUPE X

Industrie Céramique

Faïences, Porcelaines. — Grès. — Grès flambés. — Émaux céramiques. — Laves émaillées. — Cristaux, Verreries, Verroteries pour costumes de théâtre. — Vitraux. — Mosaïques.

COMITÉ DU GROUPE X

Président :

M. Thierry (Gustave), ✻, Président du Syndicat de la Céramique et de la Verrerie, 13, rue des Petites-Ecuries.

Vice-Présidents :

M. Dalpayrat, Céramiste, Bourg-la-Reine (Seine).
M. Lacroix (Adolphe), ✻, Chimiste, Fabricant de couleurs vitrifiables, 184, avenue Parmentier.

Secrétaire :

M. Metz (Arthur), Vice-Président de l'Union céramique et chaufournière de France, Vice-Président du Conseil de Prud'hommes de la Seine, 12, rue de Strasbourg.

Membres :

M. H. Boulenger, Directeur des Faïenceries de Choisy-le-Roi, 18, rue de Paradis.
M. Chabin, Peintre-verrier, 230, boulevard Raspail.
M. Defrasse (Adolphe), Architecte diplômé par le Gouvernement, 7, rue de l'Odéon.

M. Despret (Georges), ✻, Ingénieur, Directeur de la Compagnie des glaces et verres spéciaux du Nord, Jeumont (Nord).

M. Harant (Louis), Céramiste, 6, rue Halévy.

M. Henrivaux (Jules), Ingénieur, Saint-Gobain (Aisne).

M. Massier (Pierre-Clément), O. ✻, Faïences d'art, Golfe Juan (Alpes-Maritimes).

M. Vidie (Maurice), Maître-verrier, 56, route de Flandre Pantin.

GROUPE XI

Concours de dessin au crayon et au pastel vitrifiables, Travaux des concurrents

SECTION SPÉCIALE
(Annexe a l'Exposition)

Alimentation, Dégustation

Pour les renseignements, s'adresser à M. Cassella, Commissaire de cette Section, 4, rue des Déchargeurs.

LISTE DES EXPOSANTS

Section Rétrospective

SECTION RÉTROSPECTIVE

1 — **Bans** (Georges).
    Paris, boulevard de la Tour-Maubourg, 50.
Affiches, almanach, volumes (8 pièces).

2 — **Barthélemy.**
    Paris, boulevard Saint-Germain, 124.
1 portrait d'H. Nourrit (1 pièce).

3 — **De la Baume-Pluvinel** (Mlle).
    Paris, rue de la Baume, 9.
1 clavecin ancien, 1 violon ancien (2 pièces).

4 — **Bauduit** (E.).
    Paris, rue Albouy, 15.
1 tableau (1er acte de Patrie), 1 cadre (le théâtre à l'envers) (2 pièces).

5 — **Marcus de Beaucourt** (Mme).
    Paris, rue de Chaillot, 71.
Portrait de Rossini avec dédicace (1 pièce).

6 — **Benoit-Lévy.**
    Paris, rue de Turbigo, 8 bis.
Autographes, portraits (9 pièces).

7 — **Beraldi.**

>Paris, avenue de Messine, 10.
>*Portraits, titres de romances* (60 pièces).

8 — **Bernardel.**

>Paris, passage Saulnier, 4.
>*37 instruments de musique anciens, volumes* (42 pièces).

9 — **Bertrand** (Dr de l'Opéra).

>Paris, boulevard Pereire, 103.
>*Affiches, portraits, vues de théâtres* (9 pièces).

10 — **Bihn** (Louis).

>Paris, rue Richelieu, 69.
>*Gravures, portraits, dessins* (59 pièces).

11 — **Bing.**

>Paris, rue de Provence, 22.
>*Affiches anciennes, portraits, programmes, masques, estampes (Chine)* (55 pièces).

12 — **Blass** (Mlle Jeanne).

>*Caricature allemande* (1 pièce).

13 — **Blondel.**

>Paris, rue Fontaine, 30.
>*Vues de théâtre, portraits, caricatures, charges* (117 pièces).

14 — **Blondel-Erard** (Albert).
> Paris, rue du Mail, 13.
> *Instruments de musique anciens (harpes et pianos)* (8 pièces).

15 — **Bonaparte** (prince Roland).
> *14 photo. du théâtre de Java* (14 pièces).

16 — **Bianco**.
> Paris, rue Tronchet, 29.
> *3 portraits* (3 pièces).

17 — **Boisson** (Félix).
> Paris, rue Saint-Luc, 8.
> *Instrument de musique et manuscrit* (2 pièces).

18 — **Bourgault-Ducoudray**.
> Paris, villa Molitor, 16.
> *Volumes* (2 pièces).

19 — **Bonnafé**.
> Paris, rue de la Faisanderie, 48.
> *Bois sculpté* (1 pièce).

20 — **Boutet de Monvel**.
> Paris, Théâtre des Variétés.
> *Manuscrits, photographies, boucle de cheveux* (7 pièces).

21 — **Bowes** (Mme, née de Saint-Amand).
>Paris, rue Matignon, 14.
>*Reproductions de costumes, de masques* (16 pièces).

22 — **Brenot**.
>Paris, rue du Général-Foy, 4.
>*Instruments de musique anciens du Japon* (31 pièces).

23 — **Bricon**.
>Paris, rue de Tournon, 19.
>*32 portraits* (32 pièces).

24 — **Bruckmann** (Frédérick).
>Munich (Allemagne).
>*Volume, dessin* (2 pièces).

25 — **Brunox** (Georges).
>Paris, rue Guénégaud, 7.
>*57 estampes sur le théâtre de Racine* (57 pièces).

26 — **Brunswick** (Mlle).
>Paris, faubourg Poissonnière, 29.
>*Volumes, autographes, partitions, objets divers.*

27 — **Buissot**.
>Paris, rue des Petites-Ecuries, 46.
>*Eventails anciens* (36 pièces).

28 — **Cadol** (Edouard).
    rue Bapst, 24 (Asnières).
    Guignol de Mme George Sand (1 pièce).

29 — **De Caillavet** (Mme Arman).
    Paris, avenue Hoche, 12.
    Lorgnettes, éventails, gravures, livres, almanach, affiches (217 pièces).

30 — **Calzado**.
    Paris, rue Le Peletier, 24.
    Photographies, portraits en couleurs, autographes, vues (122 pièces).

31 — **Carpentier** (L.).
    Paris, rue Fontaine, 16 bis.
    Affiches (4 pièces).

32 — **Calmann-Lévy** (Gaston).
    Paris, rue Copernic, 8.
    Manuscrit, instruments anciens, marionnettes (15 pièces).

33 — **Charavay** (Etienne).
    Paris, rue Furstenberg, 3.
    Autographes, portraits (38 pièces).

34 — **Charavay** (Noël).
    Autographes (50 pièces).

35 — **Chardonnet** (de).
>Paris, rue Cambon, 43.
>*Portrait* (1 pièce).

36 — **Cléghorn**.
>Paris, rue Vaneau, 72.
>*Volumes et brochures* (36 pièces).

37 — **Claretie** (Jules) (Directeur de la Comédie-Française).
>*Jetons de présence de la Comédie-Française* (3 pièces).

38 — **Coquelin** (cadet).
>Paris, rue du Bel-Respiro, 6.
>*Portrait* (1 pièce).

39 — **Coquelin** (Constant).
>Paris, rue de Presbourg, 6.
>*La montre de Molière* (1 pièce).

40 — **Cottu** (E.).
>Paris, rue de l'Aqueduc, 58.
>*Autographes, portraits, gravures, miniatures* (22 pièces).

41 — **Corpet**.
>Paris, rue de Charonne, 138.
>*Masque, dessins* (7 pièces).

42 — **Costil (E.).**
>Paris, rue Richelieu, 95.
>*Instrument ancien* (1 pièce).

43 — **Cunha (Arthur da).**
>Paris, rue Meissonier, 3.
>*Photographie* (1 pièce).

44 — **Cranney (Eugène).**
>Paris, rue Lauriston, 81 bis.
>*Dictionnaire* (7 pièces).

45 — **Chrétien (E.).**
>Paris, avenue du Maine, 47.
>*Dictionnaire* (2 pièces).

46 — **Curzon (Henri de)**
>*Autographes, romances, portraits, gravures* (28 pièces).

47 — **David (Mme Fernand).**
>Paris, rue Galilée, 37.
>*Médailles* (85 pièces).

48 — **Duchet (Lucien).**
>Paris, rue Moncey, 2.
>*Volume* (1 pièce).

49 — Duquesnel.
Paris, rue de l'Arcade, 18.
Portraits, dessins (4 pièces).

50 — Durier.
rue aux Fèves, 2, Vire (Calvados).
Photographie (1 pièce).

51 — Erard (Paul).
Paris, rue des Pyrénées, 52.
Volumes (48 pièces).

52 — Fabré.
Paris, rue de Birague, 16.
Document (1 pièce).

53 — Fermond.
Paris, rue de l'Abbé-de-l'Epée, 7.
Instrument ancien (1 pièce).

54 — Ferrier (Paul).
Paris, rue de Londres, 4.
Manuscrit (1 pièce).

55 — Féral.
Paris, rue du Faubourg-Montmartre, 54.
Tableaux à l'huile (4 pièces).

56 — **Firmin-Didot.**
    Paris, rue Jacob, 56.
    Volumes modernes (6 pièces).

57 — **Friedrichs.**
    Paris, rue Hamelin, 27.
    Instruments, manuscrits autographes (26 pièces).

58 — **Flobert** (Mme).
    Paris, rue du Ranelagh, 82.
    Médaillon plâtre (1 pièce).

59 — **Fourdrignier.**
    Sèvres, Grande-Rue, 112.
    Instruments, autographes, portraits (7 pièces).

60 — **Gailhard** Directeur de l'Opéra.
    Levallois-Perret, villa Chaptal, 13.
    Portrait (1 pièce).

61 — **Gallet** (Louis).
    Paris, square LaBruyère, 1.
    Dessins originaux (4 pièces).

62 — **Garnier** (Edouard).
    Manufacture Nationale, Sèvres.
    Affiches, gravures, portraits (11 pièces).

63 — Giraudet.
>Paris, rue du Conservatoire, 10.
>*Portraits, volumes* (3 pièces).

64 — Got.
>Paris, hameau de Boulainvilliers, 11.
>*Manuscrit* (1 pièces).

65 — Grand-Carteret.
>Paris, rue Hippolyte-Lebas, 1.
>*Affiches anciennes* (2 pièces).

66 — Gravina (Ctesse, née de Bulow).
>Ramacca près Catane, Sicile.
>*Maquettes* (4 pièces).

67 — Grille.
>Paris, rue des Carmes, 7.
>*Instrument, masques, dessins* (15 pièces).

68 — Groult.
>Paris, avenue de Malakoff, 119.
>*Portraits, miniatures* (4 pièces).

69 — Guilbert.
>Paris, rue de Grenelle, 13 bis.
>*Châssis d'architecture* (5 pièces).

70 — **Gung'l.**
Paris, avenue de Villiers, 140.
Aquarelle (1 pièce).

71 — **Hartmann** (G.).
Paris, quai de la Mégisserie, 14
Collections concernant les spectacles de Paris (3 salles).

72 — **Isnardon.**
Paris, place Saint-Michel, 5.
Volume (1 pièce).

73 — **De Jonquières.**
Volume (1 pièce).

74 — **Layus** (Lucien).
Paris, rue de Fleurus, 33
Documents divers sur le théâtre.

75 — **Lécuyer** (Camille).
Paris, avenue Kléber, 4.
Terres cuites de Tanagra (21 pièces).

76 — **Ledoux.**
Paris, rue Amyot, 8.
Violon (1 pièce).

77 — **L'Estampe et l'Affiche.**
Affiches anciennes et modernes illustrées (1 salle complète).

78 — **Levot.**
Architecture (8 pièces).

79 — **Lévy (Emile).**
Paris, rue Lafayette, 13.
Maquette (1 pièce).

80 — **Lherbier.**
Paris, rue du Château-des-Rentiers, 153.
Musique et volume (2 pièces).

81 — **Lièvre.**
Paris, rue Grange-Batelière, 6.
Portraits et photographies (134 pièces).

82 — **Malherbe (Charles).**
Paris, rue Pigalle, 34.
Autographes (60 pièces).

83 — **Mangeot.**
Paris, rue du 29 Juillet, 3.
Violoncelle (1 pièce).

84 — **Manufacture de Sèvres.**
Sèvres.
Biscuits de Sèvres sous vitrine, et plâtres représentant des artistes (12 pièces).

85 — **Manskopf** (Nicolas).
    Francfort.
    Autographes, portraits, objets rares (600 pièces).

86 — **Maurel.**
    Brignoles (Var).
    Instrument de musique (1 pièce).

87 — **Maury.**
    Paris, boulevard Montmartre, 6.
    Marionnettes et autographes une salle complète).

88 — **Masson** (Mlle).
    Paris, rue Charlemagne, 16.
    Ecran (1 pièce).

89 — **Ménessier.**
    Paris, rue Petit, 99.
    Maquette (1 pièce).

90 — **Meunier.**
    Paris, rue de l'Echiquier, 41.
    Instrument ancien (1 pièce).

91 — **Molozay.**
    Paris, rue Notre-Dame-des-Champs, 34.
    Gravure (1 pièce).

92 — **Montagne.**
   Jeu de cartes (1 pièce).

93 — **Moran.**
   Dictionnaire (1 pièce).

94 — **Morley** (chez M. Durand).
   Paris, rue de la Chaussée-d'Antin, 38.
   Instrument de musique (1 pièce).

95 — **Mori.**
   Paris, rue des Petits-Champs, 73.
   Autographe, portrait (2 pièces).

96 — **Normand** (Charles).
   Paris, rue de Miromesnil, 98.
   Une grille (1 pièce).

97 — **Nourrit** (Maison E. Plon, Nourrit et Cie).
   Paris, rue Garancière, 8.
   Buste, médaillon, collier (3 pièces).

98 — **Oller.**
   Paris, Moulin-Rouge.
   Gravures (8 pièces).

99 — **Ottin.**
   Paris, boulevard Pereire, 29.
   Partition, etc. (2 pièces).

100 — **Pages** (Mme la baronne de).
Paris, boulevard Emile-Augier, 6.
Portraits (3 pièces).

101 — **Panseron** (Mme).
Paris, avenue de Malakoff, 31.
Buste et colonne (2 pièces).

102 — **Péricaud.**
Paris, boulevard Saint-Martin, 3.
Portraits, gravures, cadres, etc. (21 pièces).

103 — **Perrot** (E.).
Paris, rue du Faubourg-Saint-Honoré, 272.
Manuscrits, autographes, tableaux, programmes, musique, etc. (7 pièces).

104 — **Pierre Petit** et fils.
Paris, place Cadet, 19 et 21.
Tableaux, photographies (3 pièces).

105 — **Pfeiffer.**
Paris, rue de Rochechouart, 22.
Portraits, instruments, tableaux, etc. (6 pièces).

106 — **Pipaut.**
Amiens, place Saint-Denis, 21.
Un portrait-charge (1 pièce).

107 — **Pleyel, Wolf** et **C**ie.

Paris, rue de Rochechouart, 22.

Instruments, diapasons (7 pièces).

108 — **Poilpot** (Théophile).

Paris, avenue d'Antin (au Panorama).

Maquette du Panorama de l'Escadre russe à Toulon.

109 — **Pougin**.

Paris, rue du Faubourg-Poissonnière, 135.

Portraits, estampes, dessins originaux, affiches, partitions, médailles, etc. (171 pièces).

110 — **Pourchet**.

Paris, rue des Beaux-Arts, 15.

Plans de théâtre (3 pièces).

111 — **Ram-Baud** (Mme Yveling).

Paris, rue de la Rochefoucauld, 33.

Autographes, estampes, portraits, masque, musique, etc. (30 pièces).

112 — **Ravenet**.

Paris, quai de Passy, 28.

Pièces de théâtre, peignes (8 pièces).

113 — **Reinach** (Colonel).

Paris, rue de Longchamp, 150.

Musique (1 pièce).

114 — **Richard** (Mme) (née Bouffé).
Paris, rue de la Victoire, 43.
Calice, statuette, aquarelles et différents objets (8 pièces).

115 — **Ricordi** (J.).
Milan, via Amenoni, 1. (Représentant à Paris : A. Menozzi, 12, rue de Lisbonne).
Musique (35 pièces).

116 — **Roblin** (P.).
Paris, rue Saint-Lazare, 65.
Estampes, portraits (2 pièces).

117 — **Roger** (Gustave).
Paris, rue Hippolyte-Lebas, 8.
Portraits, volumes (6 pièces).

118 — **Rouveyre** (André).
Musique, devant de commode Louis XV (3 pièces).

119 — **Saffroy** (A.).
Pré-St-Gervais (Seine), 65, Grande-Rue, villa 23.
Portraits, autographes, imprimés, affiches (102 pièces).

120 — **Salabert** (William).
Paris, rue de Choiseul, 8.
Lithographies, pastels (9 pièces).

121 — **Sampolo** (Docteur J.)
 Paris, rue Lafayette, 113.
Portrait, autographe (2 pièces).

122 — **Sarluis** (R.).
 Paris, boulevard Haussmann, 27.
1 cithare (1 pièce).

123 — **Sax** (Adolphe).
 Paris, rue Blanche, 51.
2 grands tableaux (Architecture) (2 pièces).

124 — **Sermet** (J.).
 Le Perreux (Seine). 29, avenue Ledru-Rollin
Chansons de la Révolution.

125 — **Simon** (Max).
 Paris, rue Montholon, 10.
3 cadres (3 pièces).

126 — **Sommier**.
 La Haye (Hollande).
2 maquettes (2 pièces).

127 — **Taffanel**.
6 flûtes (6 pièces).

128 — **Thomas**.
 Paris, rue de la Pépinière, 11.
5 instruments anciens (5 pièces).

129 — **Thornley.**
 Oisny-Pontoise.
10 sujets encadrés (10 pièces).

130 — **Tolbecque.**
 Niort (Deux-Sèvres).
33 instruments anciens (33 pièces).

131 — **Traversier** (J. Ch.).
 Paris, rue de Ménilmontant, 71.
Objets divers, portraits, autographes, programmes de théâtres, Bronzes, etc. (26 pièces).

132 — **Vanet.**
 Paris, rue Lecourbe, 79.
Instruments, Estampes, charges, portraits (12 pièces).

133 — **Vielle** (A.).
 Juge de Paix à Longjumeau (Seine-et-Oise).
Estampes, gravures, Portraits (104 pièces).

134 — **Visconte** (Claude).
 Paris, rue Villedo, 5.
Guitare espagnole ivoire (1 pièce).

135 — **Wacfelghem** (L. Van).
 Paris, boulevard Pereire, 46.
Une viole d'amour (1 pièce).

136 — **Wagner.**
Volumes, autographes, portraits (7 pièces).

137 — **Weishaupt (O.) et Cie, antiquaires.**
Paris, quai Voltaire, 7.
Instruments, portraits, etc. (8 pièces).

GROUPE I

Instruments de Musique

Gustave BERNARDEL
Luthier du Conservatoire National
à PARIS
4, passage Saulnier

Successeur de GAND et BERNARDEL
(Ancienne Maison LUPOT, fondée en 1798)

Récompenses aux Expositions Nationales et Universelles

1849 Paris. Médaille d'Or	1889 Paris. Hors concours
1851 Londres. Prize Medal	Jury et deux Méd. d'Or
1855 Paris ⎱ 3 méd. 1re classe	aux collaborateurs.
1867 Paris ⎰	1894 Anvers. Dipl. d'Honn^r
1878 Paris. Seule Méd. d'Or	1894 Lyon. II^s concours Jury

Fabrication la plus soignée en bois vieilli naturellement
de VIOLONS, ALTOS, VIOLONCELLES, CONTREBASSES et ARCHETS
Colophane et Filage supérieurs

FOURNISSEUR du MINISTÈRE des BEAUX-ARTS
pour les succursales des Conservatoires

Manufacture de Pianos
FONDÉE EN 1846
L. BURGASSER & Cie

BUREAUX ET MAGASINS : 37, boul. du Temple
FABRIQUE : 50, rue des Orteaux
(XXe arrondissement)

RÉCOMPENSES OBTENUES AUX EXPOSITIONS INTERNATIONALES :
Paris 1878, Médaille de bronze ; Amsterdam 1883, médaille d'argent ; Paris, 1889, mention honorable ; Chicago 1893, hors concours ; Anvers 1894, médaille d'or ; Amsterdam 1895, médaille d'or.

RÉCOMPENSES OBTENUES AUX EXPOSITIONS RÉGIONALES :
Havre 1868, médaille d'argent ; Paris 1875, médaille de bronze ; Paris 1894, Palais de l'Industrie, hors concours, membre du jury ; Paris 1894, Champ de Mars, médaille d'or.

TÉLÉPHONE

Maison fondée en 1860
Manufacture de Pianos
F. CONSTANTZ
19, boulevard du Temple, 19

5 Brevets d'invention. — 5 Médailles

Nouvelles sourdines indépendantes pour les études
Economie de l'usure des marteaux
TRÈS UTILE

PIANOS NOUVEAUX BREVETÉS
à doubles tables d'harmonie conjuguées dans les dessous

LE JOURNAL
QUOTIDIEN
Littéraire, Artistique et Politique

DIRECTEUR
Fernand XAU

100, rue de Richelieu, 100
PARIS

COUESNON & CIE

Instruments de musique
94, rue d'Angoulême
PARIS

L'exposition de MM. COUESNON et Ce, 94, rue d'Angoulême, comprenait une série complète d'instruments à vent, en cuivre et en bois ; elle résumait ainsi, par les types impeccables qu'elle offrait, l'importance de sa maison et la perfection de sa fabrication. A côté des instruments de cuivre, universellement connus et appréciés, des hautbois de Triébert, des flûtes de Tulou et de Barbier figurent à la place d'honneur.

Fondée en 1827, par M. Gautrot, la manufacture d'instruments de musique Couesnon et Ce a réuni dans une seule association les noms de Gautrot et de Triébert, c'est-à-dire les maîtres incontestés de la branche de fabrication qu'ils représentent individuellement. De ses trois usines de Paris, Château-Thierry et Garennes, où 600 ouvriers sont continuellement occupés, sortent chaque jour des centaines d'instruments en cuivre et en bois qui vont porter dans toutes les parties du monde la bonne renommée de la facture française.

Le gouvernement de la République a voulu, du reste, récompenser les services rendus et a décerné, en 1893, à M. A. COUESNON, directeur, la croix de chevalier de la Légion d'honneur.

PIANOS ELCKE

Ed. GOUTTIÈRE

PARIS — 47, rue de Babylone, 47 — PARIS

MÉDAILLE D'OR, Paris 1889
GRAND PRIX, Anvers 1894
GRANDE MÉDAILLE D'HONNEUR, Amsterdam 1895

LE JOURNAL

QUOTIDIEN

Littéraire, Artistique et Politique

DIRECTEUR

Fernand XAU

100, rue de Richelieu, 100

PARIS

PLEYEL, WOLFF & Cie

FACTEURS DE PIANOS
22, rue Rochechouart, 22

MM. PLEYEL, WOLFF et Ce, les célèbres facteurs de pianos, ont bien voulu donner à l'Exposition du Théâtre et de la Musique la primeur de leur dernière création.

C'est un piano à queue qui, par ses dimensions très restreintes (1 mètre 60 de longueur) peut être placé dans les plus petits salons et dont le prix est moins élevé que celui d'un grand piano droit.

Le problème, réputé jusqu'ici insoluble, était de construire un instrument aussi réduit, possédant cependant la puissance et le charme des grands modèles.

Si la Maison PLEYEL a pu réunir en sa nouvelle création ces deux qualités si recherchées, c'est grâce aux remarquables travaux de son directeur, M. G. Lyon (membre de notre jury), qui est parvenu à résoudre, d'une façon absolument précise, les problèmes très complexes se rapportant à l'acoustique et aux tensions de cordes.

Ce piano a été tout d'abord étudié et construit pour les professeurs de chant; mais, en présence de l'accueil si favorable qu'il a reçu du public, MM. PLEYEL, WOLFF et Ce se sont décidés à le mettre à la disposition de toute leur clientèle.

MANUFACTURE DE PIANOS
Fondée en 1852

Ancienne Maison Victor PRUVOST Père et Fils

E. PRUVOST FILS
SUCCESSEUR

Magasin : 84, rue Lafayette
Fabrique : rue de Clignancourt, 109, PARIS

VENTE A TERME PAR ABONNEMENT
Grand choix de Location
ÉCHANGE, RÉPARATIONS ET ACCORDS
Commission, Exportation

Médaille d'Argent Lille 1882	Médaille d'Argent Paris 1878
Médaille d'Argent Blois 1883	Médaille d'Argent Paris 1889

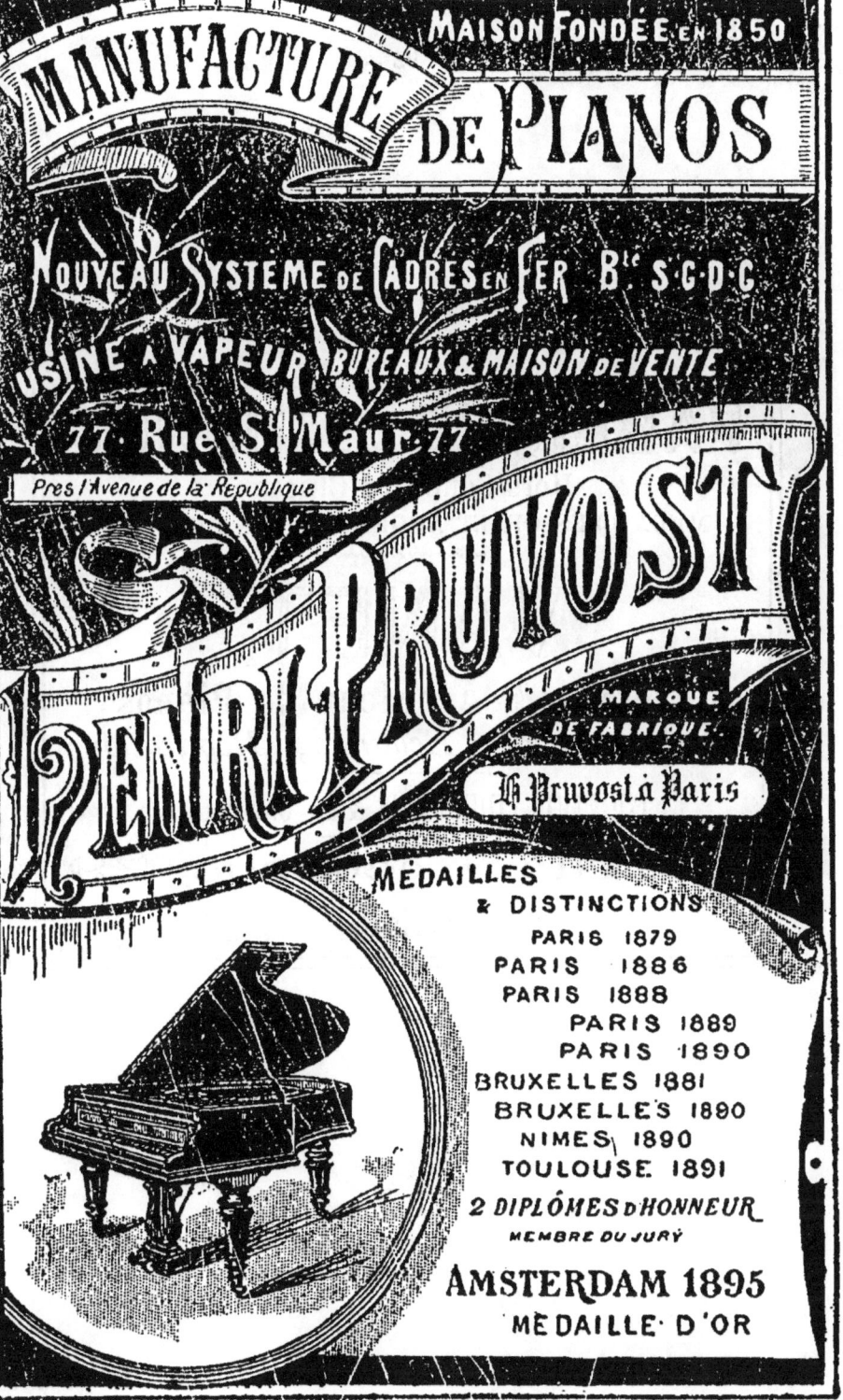

FABRIQUE DE PIANOS

Hors-Concours Chicago
MÉDAILLES OR ET ARGENT. — 4 BREVETS

VANET

Facteur & Acordeur de Pianos

Vente, Achat, Échange, Réparations

LOCATION POUR PARIS & LA CAMPAGNE

79, rue Lecourbe, 79

PARIS

GROUPE I

Instruments de musique

Pianos, Orgues, Harmoniums. — Instruments à cordes. — Instruments à vent. — Pièces détachées. — Matières et accessoires pour la construction des instruments de musique.

138 — **Barbirolli (J.-B.).**
    Paris, rue de Navarin, 6.
Musique de sa composition.

139 — **Bernardel (Gustave).**
    Paris, passage Saulnier, 4.
Instruments de lutherie.

140 — **Bord (A.) et Cie.**
    Paris, boulevard Poissonnière, 14.
Pianos.

141 — **Burgasser et Theilmann.**
    Paris, boulevard du Temple, 37.
Pianos droits.

142 — **Carpentier (J.).**
    Paris, rue Delambre, 20.
Mélotrope et Photo-Jumelle.

143 — **Cateura Gimenez et Izabal.**
>Calle de San Pablo, 93, à Barcelone (Espagne).

Un piano pédalier, système Cateina.

144 — **Constantz (F.).**
>Paris, rue de Saintonge, 70, et boulevard du Temple, 19.

Pianos brevetés à doubles tables d'harmonie conjuguées, sourdines pour études et imitation de guitares.

145 — **Cossas.**
>Paris, rue Sainte-Appoline, 16.

Tableau de Musique.

146 — **Cottino et Tailleur.**
>Paris, rue de Montreuil, 119.

Harmoniums.

147 — **Couesnon et Cie.**
>Paris, rue d'Angoulême, 94.

Instruments de Musique.

148 — **Dutreih.**
>Paris, rue Charlot, 15.

Instruments de musique mécanique.

149 — **Flesch (Mlle) et Cie.**
>Paris, rue Buffault, 9.

Pianos, Harpes.

150 — **Focké fils aîné.**
>Paris, rue Morand, 9.
>*Pianos droits et à queue.*

151 — **Frantz et fils.**
>Paris, rue Lafayette, 64.
>*Pianos de tous modèles et accessoires, méthodes pour l'enseignement, musique de théâtre et de genre.*

152 — **Gaveau frères.**
>Paris, rue Servan, 47.
>*Pianos.*

153 — **Gouttière (E.).**
>Paris, rue de Babylone, 47.
>*Pianos droits et à queue.*

154 — **Jaulin (M.).**
>Paris, rue du Château-d'Eau, 27.
>*Harmonicor installé sur un piano.*

155 — **Kessels (M. J. H.).**
>Tilburg (Hollande).
>*Instruments de Musique.*

156 — **Labrousse**
>Paris, rue de Rivoli, 46.
>*Pianos droits.*

157 — **Lary** (M. J.).
 Paris, rue Laugier, 81.
Pianos droits.

158 — **Mathieu** (Ch.).
 Paris, boulevard de Sébastopol, 66.
Instruments de Musique.

159 — **Mezzetti**
 Paris, rue d'Avron, 59.
Ocarinas.

160 — **Morley** (J. Georges).
 Sussex place, 6, South Kensington station (Londres).
Une harpe.

161 — **Mustel** (A.).
 Paris, rue Saint-Maur, 168.
Orgues.

162 — **Oury**.
 Paris, rue Bayen, 14.
Pianos brevetés.

163 — **Pape et Manceau**, Compositeur.
 Paris, rue de la Villeneuve, 15, et rue Franklin, 4.
Pianos et orgues.

164 — **Pleyel Wolff et Cie**.
  Paris, rue Rochechouart, 22.
Pianos.

165 — **Pruvost** (Edmond).
  Paris, rue Lafayette, 84.
Pianos droits.

166 — **Pruvost** (Henri).
  Paris, rue Saint-Maur, 77.
Pianos droits.

167 — **Rohdé Staub et Cie**.
  Paris, rue Caumartin, 9
Pianos.

168 — **Rossignol** (André).
  Paris, rue de Rome, 87.
Musique de piano, Mandoline et guitares.

169 — **Société des orgues d'Alexandre** père et fils.
  Paris, rue Lafayette, 81
Orgues, harmoniums.

170 — **Sondinger** (Charles).
  Paris, rue d'Hauteville, 25.
Boîtes à musique, instruments marchant seuls.

171 — **Stransky frères.**
   Paris, rue de Paradis, 20.
   Instruments de musique.

172 — **Thibouville-Lamy (Jérôme) et Cie.**
   Paris, rue Réaumur, 68.
   Instruments de musique

GROUPE II

Architecture, Matériel et Accessoires de Théâtre

GROUPE II

Architecture, Matériel et Accessoires de Théâtre

Plans de Théâtre. — Machinerie en général. — Praticables, Trucs, Décors. — Cartonnages de théâtre. — Aménagement des salles. — Matériel d'incendie et de sauvetage. — Corderie. — Accessoires et Matériel pour Théâtres forains, Cirques, Banques, etc. — Musées de cire. — Armures. — Machines.

173 — **Allorge** (Paul), architecte.
    à Montlhéry.
Projet pour la reconstruction de l'Opéra-Comique.

174 — **André** (Pierre), architecte.
    Paris, rue de Vaugirard, 95.
Perspective du théâtre d'Ostie.

175 — **Assola.**
    Paris, rue des Noyers, 13.
Théâtre des fantoches. — Grotte de Capri.

176 — **Audouin** (A.), architecte.
Plans et vues du théâtre de Saïgon.

177 — **Bauduit**.

    Paris, rue Albouy, 15.
Théâtre mobile.

178 — **Bellanger**.

    à Amiens.
Théâtre des ombres lyriques.

179 — **Bengin**.

    Paris, rue Rochebrune,
Tableau mécanique.

180 — **Bertrand** (Mme).

    Paris, rue Balagny, 66.
Théâtre enfantin.

181 — **Betti** (Ameliano).

    Milan, Italie.
Dessin d'un Politeama diurne et nocturne avec haussement mécanique du plancher et voûte mobile.

182 — **Bonnesky**.

    Paris, rue Fontaine-du-But.
Théâtre des marbres animés (illusions).

183 — **Carue** (Ph.).

    Paris, rue Saint-Denis, 269.
Corderie en textiles et métallique. — Appareils de sauvetage. — Appareils, Agrès, Traités de gymnastique.

CARUE
PARIS — 269, rue Saint-Denis — PARIS

CORDERIE EN TEXTILES ET MÉTALLIQUE
POUR THÉATRES, CIRQUES, DÉCORATION, LUSTRERIE
APPAREILS DE SAUVETAGE
Appareils, Agrès, Jeux et Traité de Gymnastique
MODÈLES brevetés S. G. D. G. et déposés
pour Articles Gymnasiarques, Sociétés et Clubs athlétiques, Collèges, Ecoles, etc.
Chevalier du Dragon d'Annam, Exposition d'Hanoï 1884
et du Nicham, Exposition d'Anvers 1885
Officier d'Académie, Exposition de Bruxelles 1885
12 fois Membre du Jury, Exposant Hors Concours,
25 Diplômes d'Honneur
75 Médailles d'Honneur, d'Or, Vermeil, etc.
Maison fondée en 1680

---

184 — **Cassien-Bernard,** architecte.

   Paris, rue Bonaparte, 7.

   Reconstruction du Grand-Théâtre municipal de Montpellier.

185 — **Chancel** (Adrien), architecte.

   au Palais de l'Elysée.

   Projet de théâtre.

186 — **Chaperon** (Ph.), décorateur des théâtres.

   Paris, rue de Sambre-et-Meuse, 20.

   Décoration de l'Exposition. — Tours Notre-Dame. — Théâtre pompéien. — Atrium (orchestre). — Rue Antique. — Rue Moyen-Age.

187 — **Darry** (Mlle Jeanne).

    Paris, rue Laugier, 78.

    Théâtre de poses plastiques.

188 — **Defrasse** (Alphonse), architecte.

    Paris, rue de l'Odéon, 7.

    Plan du théâtre d'Epidaure. — Sièges et gradins du théâtre de Bacchus, à Athènes.

189 — **Deslignières** (Marcel), architecte.

    Paris, rue Faraday, 11 bis.

    Théâtre des Menus-Plaisirs.

190 — **Doignon** et **Normandin**.

    Paris, rue Soufflot, 9.

    Cinématographe, système Joly.

191 — **Fontaine-Souverain** fils.

    rue des Roses, 9, à Dijon (Côte-d'Or).

    Echelle à coulisse « La Dijonnaise », système perfectionné, mouvement en fer forgé. — Echelle, transformation, double et simple à volonté.

192 — **Gérente** (P. de).

    Paris, boulevard Haussmann, 98 bis.

    60 appareils dits « Grenades extincteurs », et extincteurs système Dick.

193 — **Gosset** (A.).

    à Reims.

    Ouvrage sur la construction des théâtres.

194 — **Goupille** et **Hervieu** (L.).
>Paris, impasse Guéménée, 2.

Armes blanches.

195 — **Guilbert** (Albert), architecte.
>Paris, rue du Bouloi, 4 bis.

Projet de théâtre moderne.

196 — **Jumeau** et **Jallot** (Maison Belloir).
>Paris, boulevard du Montparnasse, 82.

Installations pour théâtres, fêtes publiques, etc.

197 — **Levens** (Louis).
>Paris, rue de Châteaudun, 55.

Lumino-Théâtre breveté s. g. d. g. — Appareil de démonstration et d'enseignement par images lumineuses.

198 — **Levot** (H.).

Rideaux d'avant-scène des théâtres de Saint-Pétersbourg et de Moscou.

199 — **Mathelin** et **Garnier**.
>Paris, rue Boursault, 26.

Torpilleur en bronze spécial. — Appareils d'incendie pour service de Théâtres.

200 — **Ménessier**.
>Paris, rue Petit, 99.

Maquette du Diorama de Notre-Dame de la Garde à Marseille.

201 — **Mewes (Charles).**
Projet de reconstitution de l'Opéra-Comique.

202 — **Moreau.**
Théâtre des luttes athlétiques.

203 — **Narjoux (André).**
Paris, rue Littré, 3.
Projet de théâtre.

204 — **Nizet (Charles).**
Paris, avenue de Breteuil, 7.
Dessins représentant le théâtre de Ribier, à Paris, au XVIII° siècle.

205 — **Normand (Charles).**
Paris, rue de Miromesnil, 98.
Plans et vue de théâtre.

206 — **Ottin (L.).**
Paris, boulevard Pereire, 29.
Projet de vitrail pour plafond lumineux de théâtre.

207 — **Parent.**
Paris, rue Croix-des-Petits-Champs, 11.
Théâtre du mystère égyptien.

208 — **Pillet** (Jules).
>   Paris, boulevard Garibaldi, 28.
>   *Plans d'un cyclocinéorama et d'un panocinéorama. — Pont maritime avec balance électrique.*

209 — **Poilpot**.
>   Paris, avenue d'Antin (Pavillon du Panorama).
>   *Maquette du panorama des « Marins russes à Toulon ».*

210 — **Pro** (Charles).
>   Rouen, quai de Paris, 9.
>   *Appareils automatiques distributeurs.*

211 — **Sachs** (Edwin-O.).
>   Waterloo Place, 11, London S. W.
>   *Ouvrage intitulé « Modern Opera houses and theatres ».*

212 — **Sax** (Adolphe).
>   Paris, rue Blanche, 51.
>   *Projets de salle de concert et de salle de théâtre.*

213 — **Senée** (L.) et Cie.
>   Paris, rue de Savoie, 6.
>   *Architecture. — Matériel et accessoires de théâtres. — Planches à dessin. — Matériel pour architecte décorateur.*

214 — Société Lyonnaise d'Electricité.
Paris, avenue de Suffren, 40.
Descenseur automatique.

215 — Tintinger.
Paris, quai Valmy, 93.
Cartonnages de théâtres.

216 — Torin.
Paris, rue de Port-Mahon, 2.
Un modèle en bois de moteur.

GROUPE III *(A)*

Industries graphiques

Eugène FASQUELLE, Éditeur
11, rue de Grenelle — PARIS

DERNIÈRES PUBLICATIONS

Dans la Bibliothèque CHARPENTIER, à 3 fr. 50 le volume :

ALPHONSE DAUDET
THÉATRE

TOME I. — La dernière Idole. — Les Absents — L'Œillet blanc. — Le Sacrifice. — L'Arlésienne.

TOME II. — La Lutte pour la Vie. — L'Obstacle — Numa Roumestan.

JULES CLARETIE
BRICHANTEAU
Comédien

JEAN RICHEPIN
THÉATRE CHIMÉRIQUE

Pièces de Théâtre à 2 fr. 50 le volume :

EMILE BERGERAT
Le Capitaine Fracasse
Comédie héroïque en vers, cinq actes en sept tableaux d'après le roman de Théophile Gauthier.

CHARLES RAYMOND
DON CARLOS
Drame en cinq actes et onze tableaux, d'après Schiller.

AUGUSTE ARNAULT
LE DANGER
Comédie en trois actes.

Papeteries des Châtelles et de La Chapelle

LOUIS GEISLER

aux Châtelles, par Raon-l'Etape

DÉPOT POUR PARIS

14 bis, rue des Minimes, 14 bis

PAPIERS COUCHES

POUR

JOURNAUX ILLUSTRÉS & ÉDITIONS
SIMILI-GRAVURE — LITHOGRAPHIE & CHROMOS

Trois Sortes :

Mélanophile — Calligraphe — Philoglyphe

PAPIER ÉTAIN

Glacé et lissé, pour Etiquettes et Cartonnages

PAPIER IMITATION CUIR

Papier réglé pour la Musique

Papier « Philoglyphe »

Photogravure

et Impression

DES

PAPETERIES

DES CHATELLES

ET

DE LA CHAPELLE

par Raon-l'Étape

(Vosges)

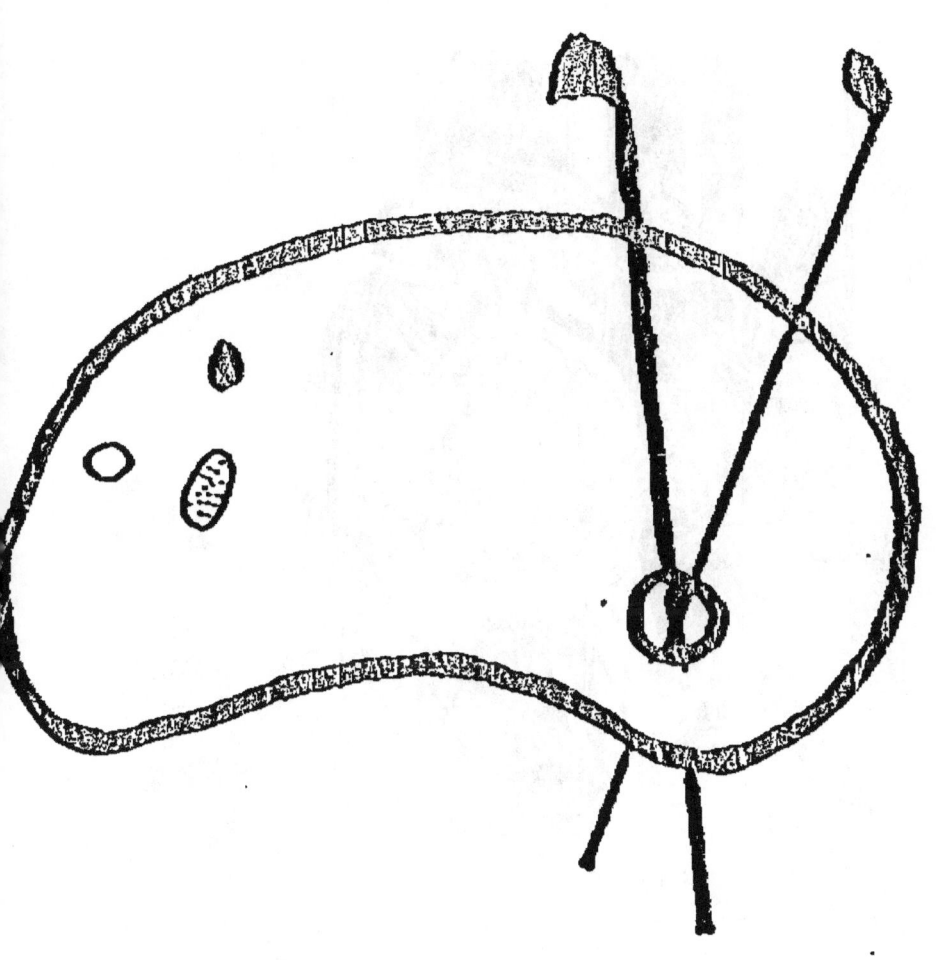

ORIGINAL EN COULEUR
NF Z 43-120-8

Photogravure et Impression en 3 couleurs
des Papeteries des Châtelles, par Raon-l'Étape (Vosges)

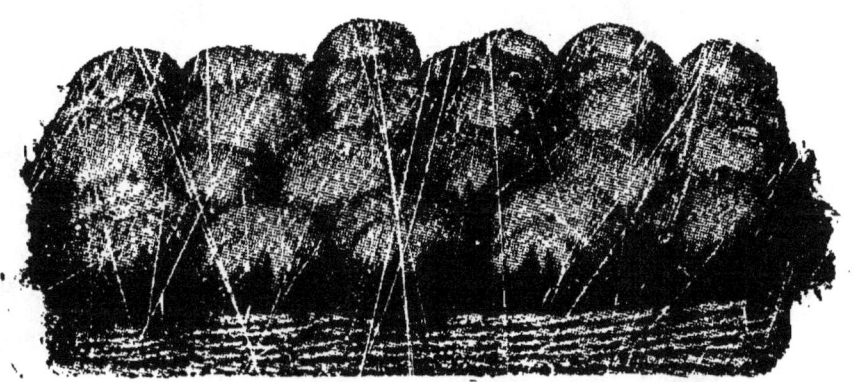

Photogravure et Impression en 3 couleurs
des Papeteries desChâtelles, par Raon-l'Étape (Vosges)

« Hébé », statue de F. Rude

LOUIS GEISLER
aux Châtelles, par Raon-l'Etape

REPRODUCTIONS
en noir et en couleurs
par procédés photomécaniques

ALBUMS
Artistiques et Industriels

Vues de Villes, Monuments, Paysages

CLICHÉS
ZINC ET CUIVRE
pour Illustrations et Typographie

PROCÉDÉ NOUVEAU
POUR
Reproduction en trois couleurs d'Aquarelles et Tableaux

LES VOSGES
Forestiers et Bûcherons
Album de 80 gravures d'après phototypes de V. Franck
PRIX : **10** FRANCS

LIBRAIRIE PAUL OLLENDORFF
28 bis, rue de Richelieu, PARIS

COLLECTION OLLENDORFF ILLUSTRÉE
A 2 FR. LE VOLUME

Nos 1 *Yan*, par Jean RAMEAU,
   Illustrations de Maximilienne GUYON.
2 *Eddy et Paddy*, par Abel HERMANT.
   Illustrations de J.-E. BLANCHE.
3 *La Vocation*, par Georges RODENBACH.
   Illustrations de H. CASSIERS.
4 *La volonté du bonheur*, par Jules CASE.
   Illustrations de André BROUILLET.
5 *Grandeur et Décadence de Minon-Minette Pataud*, par F. SARCEY.
   Illustrations de Georges REDON.
6 *Les Cornalines*, par Charles FOLEY.
   Illustrations de L.-E. FOURNIER.
7 *La Fille du Député*, par Georges OHNET.
   Illustrations de René LELONG.
8 *La Robe*, par Paul PERRET.
   Illustrations de P. KAUFFMANN.
9 *Années de Printemps*, par André THEURIET.
   Illustrations de Maximilienne GUYON.
10 *Miremonde*, par Henry ROUJON.
   Illustrations de M. G. MENDEZ.
11 *Le Serment*, par J.-H. ROSNY.
   Illustrations de Lucien MÉTIVET.
12 *La Patronne*, par Fernand VANDEREM.
   Illustrations de Pierre VIDAL.
13 *Mademoiselle Clémence*, par Emile POUVILLON.
   Illustrations de JEANNIOT.

Autour d'Elles
Album de luxe contenant la reproduction en fac-similés rehaussés de couleurs de dix-huit pastels de
Henri BOUTET
PRÉFACE de Armand SILVESTRE
PRIX : 10 FRANCS

GROUPE III (A)

Industries Graphiques

Enseignement de la Musique. — Editions musicales. — Impressions musicales pour aveugles. — Imprimerie en tous genres, en noir et en couleurs. — Affiches et programmes de théâtre. — Librairie. — Reliure. — Estampes. — Industries du papier et papeterie. — Publications périodiques.

217 — **Annuaire des Artistes** (Directeur M. Emile Risacher).
    Paris, rue Montmartre, 167.

218 — **Biscarel** (Charles Joseph Hyacinthe).
    Paris, rue des Poitevins, 6
    Cartons, pupitres portatifs.

219 — **Blanchard** (Mlle).
    Paris, Galerie Vivienne.
    Spécialité de plumes métalliques anglaises et porte-plumes.

220 — **Bouvais** (Emile).
    Paris, rue des Petits-Champs, 13.
    Spécimen d'enseignes

221 — **Bricon.**

>Paris, rue de Tournon, 19
>
>*Pièces de comédie, drames, saynètes, monologues, volumes de musique.*

222 — **Corplet** (Mme Renée).

>Paris, rue de la Victoire, 25.
>
>*Gravure se rapportant au Théâtre.*

223 — **Cusack** (T.) (compositeur).

>*Partition de sa composition, « Le Tsar et la Tsarine ».*

224 — **Delagarde** (Paul).

>Paris, rue du Trésor, 4
>
>*Reliures métalliques.*

225 — **Despois de Folleville** (Louis).

>Paris, rue Molitor, 17, Auteuil.
>
>*Morceaux de musique de sa composition.*

226 — **Dubouloz** (J.).

>Paris, boulevard Poissonnière, 9
>
>*Autocopiste noir.*

227 — **Espenel** (Ernest).

>Paris, Palais Royal, Galerie des Proues, 54.
>
>*Classe feuille pour musique, répertoire théâtral et optique.*

228 — **Gautherin**.
>Paris, rue de Vaugirard, 131
>*Affiches, programmes, cartes de théâtre et concerts.*

229 — **Gauttard** (Albert).
>Paris, rue Visconti, 21.
>*Maquettes de diplômes et affiches artistiques.*

230 — **Geisler** (Louis).
>aux Chatelles (Vosges), et à Paris, rue des Minimes, 14.
>*Papiers d'impression et procédés de pyrogravure.*

231 — **Gentil et Cie**.
>Paris, rue Vivienne, 34.
>*Journaux de modes et patrons découpés.*

232 — **Goubaud** (Abel).
>Paris, rue du 4-Septembre, 3.
>*Journaux de modes.*

233 — **Heymann** (Mme Octavie).
>Viarmes (Seine-et-Oise).
>*Peintures à l'huile (Tableaux).*

234 — **Journal** (Le) (M. Fernand Xau, directeur).
>Paris, rue de Richelieu, 106.

235 — **Journal pour tous illustré** (Le) (M. Fasquelle, directeur).

Paris, rue de Grenelle, 11.

236 — **Lançon** (Emmanuel).

Paris, rue Anthony, 8, 10, 12.

Cartons à papier, cartables à musique, articles de bureau.

237 — **Legouix** (Gustave).

Paris, rue Rougemont, 4.

Musique, anciennes partitions, collections, etc.

238 — **Le Vasseur** (A.) et Cie.

Paris, rue de Fleurus, 33.

Illustrations de Moreau le jeune pour les œuvres de Molière.

239 — **Lévy** (Emile).

Paris, rue Lafayette, 13

Librairie et estampes, publications de théâtre.

240 — **Liard** (Augustin).

avenue de Saint-Cloud, Versailles (Seine-et-Oise).

Tableaux, paysages.

241 — **Mabyre** (Maxime).

Paris, rue des Saint-Pères, 30.

7 cartes fondamentales de l'album des services officiels maritimes français et étrangers, ainsi que la carte de France.

242 — **Milliet** (Paul).
　　Paris, rue des Capucines, 24.
　　Le « Monde artiste illustré ».

243 — **Morel** (Stéphane).
　　Paris, rue de Charonne, 153.
　　Chansons et Littérature.

244 — **Morris**.
　　Paris, rue Amelot, 64.
　　Affiches, publicité, théâtres, spectacles divers, concerts.

245 — **Ollendorff** (M. Paul).
　　Paris, rue de Richelieu, 28 *bis*.
　　Librairie théâtrale, romans.

246 — **Orsoni**.
　　Paris, rue de la Sablière, 3.
　　Journaux de modes, primes, chapeaux, librairie, patrons découpés.

247 — **Plain**.
　　Alfortville, rue des Pâquerettes, 10.
　　Gravures pour gaufrage et impressions.

248 — **Poiret**.
　　Paris, rue St-Lambert, 2.
　　Dessins pour illustrations.

249 — **Valéry** (M^(lle)).

    Paris, avenue Victor-Hugo, 113.

  Portraits au crayon, pastels, peintures.

250 — **Vigneron**.

    Paris, au Palais des Champs-Elysées.

  Appareils de Manuel Perrier. — Pyrogravure.

251 — **Westhausser**.

    Paris, rue de Lille, 4.

  Librairie.

252 — **D'Yrville** (Mme Cécile).

    Paris, rue Grange-Batelière, 12.

  « *La Chronique de Paris* »

GROUPE III (B)

Photographie, Matériel des Arts et des Sciences

Ed. FALK & COHEN
12, rue Villehardouin, PARIS

SPÉCIALE DE CROWN-GLASS RECOMMANDÉ PAR MM. LES DOCTEURS OCULISTES

GRAND ASSORTIMENT DE JUMELLES AU PRIX DE FABRIQUE

Verres combinés pour toutes les défectuosités de la vue

Nouveau système de Pince-Nez, ne glissant pas par la Transpiration

Un instrument spécial pour mesurer la vue est mis **gratuitement** *à la disposition du public*

APPLICATIONS DE L'ÉLECTRICITÉ

Éclairage
Sonneries — Téléphone

FONTAINES LUMINEUSES

ASSAINISSEMENT

PLOMBERIE

Gaz — Couverture
Eau

CINÉMATOGRAPHE
perfectionné
Syst. JOLY, Breveté S.G.D.G.

E. NORMANDIN

Ingr-Constr-Électricien E. C. P.

9, rue Soufflot, 9

PARIS

MACHINES ET INSTRUMENTS de précision

Appareils télégraphiques
HUGHES, MORSE, Etc.

BOUSSOLES
et Compas de Marine
SYSTÈME BREVETÉ

INSTRUMENTS
de haute précision
POUR LES
Fabrications d'Artillerie

ÉTOILES MOBILES
COMPARATEURS, Etc.

APPAREILS
pour les Essais d'Explosifs

CHRONOGRAPHES
Machine à diviser, Télémètres

MOTEURS ÉLECTRIQUES
de petites forces

L. DOIGNON

Ingénieur - Constructeur
FOURNISSEUR DE LA MARINE
DE L'ÉTAT, DES POSTES ET TÉLÉGRAPHES
DE LA TÉLÉGRAPHIE MILITAIRE

85, rue N.-D. des Champs, 85

PARIS

APPLICATION DES COULEURS

DANS

LA PHOTOGRAPHIE

L'application des couleurs *dans* la photographie était inconnue jusqu'à ce jour.

La découverte en est due à M. Léo Villedieu-Chassagne qui, s'appuyant sur une donnée scientifique énoncée par M. le docteur Adrien-Michel Dansac, a pu faire pénétrer dans les positifs sur verre et sur papier, ainsi que sur étoffe, sans nuire en rien à la pureté des lignes de l'image photographique, des sels liquéfiés dont la propriété d'émission colorante répond aux radiations diverses de la lumière spectrale.

La réduction de ces sels en liquide, leurs noms et la manière de les liquéfier, leur mélange intime avec deux matières animales, leurs précipités colorants, le bain qu'on fait subir, avec ces liquides, à la plaque au bromure d'argent, avant de la placer dans l'appareil photographique et de photographier, font l'objet de différents brevets pris par l'inventeur et par la Société photodynamique, 40, avenue des Ternes.

Nous ne pouvons ici entrer dans de plus amples détails sur cette invention qui va faire une révolution dans la photographie. Nous devons cependant ajouter que les positifs sur verre rendent la nature à s'y méprendre, que les épreuves sur papier et sur soie, portraits, paysages, etc., sont d'une réalité et d'une exactitude surprenantes et que la rapidité d'exécution et le bon marché du prix de revient vont faire de cette invention une des découvertes les plus belles de notre époque et qui donnera les résultats les plus considérables.

GROUPE III *(B)*

Photographie, Matériel des Arts et des Sciences

Photographie (Appareils, Produits, Epreuves). — Instruments d'optique, Jumelles de Théâtre. — Instruments de précision; Métronomes, etc. — Théâtrophone, Phonographe, Kinétoscope, Cinématographe.

253 — **Ancelot (A.)**
    Paris, rue du Hanovre, 12.
    Photographies

254 — **Attout-Tailfer** (Vve).
    Paris, rue Guy-de-la-Brosse, 7.
    Epreuves photographiques.

255 — **Balbreck** aîné et fils.
    Paris, boulevard du Montparnasse, 81.
    Appareils photographiques.

256 — **Bloch** (Léon).
    Paris, avenue de la République, 1.
    Jumelles diverses. — Instruments de précision. — Appareils photographiques.

257 — Boscher.
> Paris, rue Miromesnil, 12.
> *Photographies.*

258 — Brard (Jules).
> Méru (Oise).
> *Epreuves photographiques.*

259 — Braud (Mme).
> Paris, rue Pastourelle, 38.
> *Optique.*

260 — Decoudun (J.).
> Paris, rue du Faubourg-Saint-Denis, 101.
> *Fournitures photographiques et petits appareils d'éclairage.*

261 — Degen (E.).
> Paris, rue de la Perle, 3.
> *Optique photographique.*

262 — Demaria.
> Paris, rue du Canal-Saint-Martin, 2.
> *Appareils photographiques.*

263 — Derepas frères.
> Paris, rue Saint-Honoré, 99.
> *Albums photographiques démontables.*

264 — **Doignon** (Louis) et **Normandin** (Ernest).
Paris, rue Notre-Dame-des-Champs, 85, et rue Soufflot, 9.
Cinématographe Joly.

265 — **Dubouloz** (J.)
Paris, boulevard Poissonnière, 9.
Autocopiste photographique.

266 — **Dumont** (A.).
Paris, rue Pascal, 71.
Appareils photographiques.

267 — **Echassoux**.
Paris, rue des Guillemites, 17.
Appareils photographiques « Le Va et Vient ».

268 — **Falk** (Edouard).
Paris, rue Villehardouin, 12.
Optique, jumelles de théâtre.

269 — **Fleury-Hermagis**.
Paris, rue Rambuteau, 18.
Optique photographique.

270 — **Franquet**.
Paris, rue Fromentin, 14.
Microscope, loupes, tous objets d'optique.

271 — **Gallois et Dupont**.
>Paris, rue de Dunkerque, 37.
>*Appareils et instruments de laboratoire.*

272 — **Gaumont** (L.) et Cie.
>Paris, rue Saint-Roch, 57.
>*Appareils et produits photographiques de toute nature.*

273 — **Hanau** (Eugène).
>Paris, boulevard de Strasbourg, 27.
>*Appareils photographiques et produits.*

274 — **Jarret**.
>Paris, rue Bertrand, 10.
>*Optique photographique.*

275 — **Joux** (Lucien).
>Paris, rue de la Victoire, 48.
>*Appareils photographiques « La Steno Jumelle ».*

276 — **Mattioli-Gravillon**.
>Paris, rue Broca, 10.
>*Obturateurs perfectionnés et jumelles photographiques.*

277 — **Mazibourg** (Carle de).
>Paris, rue de Galilée, 42.
>*Epreuves photographiques.*

278 — **Mendoza** (Marco):
   Paris, boulevard Saint-Germain, 148.
   Appareils et produits photographiques.

279 — **Mercier** (Pierre).
   Paris, rue Lemercier, 95.
   Produits photographiques spéciaux.

280 — **Otto**.
   Paris, place de la Madeleine, 3.
   Photographies.

281 — **Payen** (Louis-Eugène).
   Paris, rue de Châteaudun, 44.
   Arithmomètre. — Machine à calculer.

282 — **Pellin** (Ph.).
   Paris, rue de l'Odéon, 21.
   Appareils spéciaux pour projections sur scène. — Instruments de précision.

283 — **Photo-Pliant** (Maison du).
   Paris, passage Alexandrine, 3.
   Jouets scientifiques. — Appareils photographiques.

284 — **Pradère** (Comte de).
   Paris, rue Paul-Baudry, 4.
   Epreuves photographiques.

285 — **Renault** (Charles).
   Paris, rue Simart, 24.
Epreuves photographiques.

286 — **Richard** (Jules).
   Paris, impasse Fessart, 8.
Baromètres enregistreurs, thermomètres, hygromètres. — Instruments de précision.

287 — **Thuillier** (Mme Vve).
   Paris, rue de Varennes, 40.
Peinture sur photographies. — Couleurs à l'albumine.

288 — **Tavernier-Gravet** (Vve) et **Decaux**.
   Paris, rue Mayet, 19.
Instruments de précision. — Règles à calcul.

289 — **Thouvenin** (François).
   Paris, rue du Faubourg-Saint-Martin, 95.
Chronographes Thouvenin.

290 — **Turillon-Darlot**.
   Paris, boulevard Voltaire, 125.
Optique et appareils photographiques.

291 — **Villedieu-Chassagne** (Société photodynamique).
   Paris, avenue des Ternes, 40.
Vitraux photographiques en couleur et photographies en couleur.

GROUPE IV

*Industries du Costume et du Vêtement
et Ornements du Vêtement*

Industries textiles

ARTICLES DE LUXE

Objets pour Cotillon

COTTIN-PENOT

19, rue Poussin, 19

PARIS

Consignation pour Vente de Charité

ET

Fantaisies Artistiqués

LEÇONS PARTICULIÈRES

GROUPE IV

Industries du Costume et du Vêtement et Ornements du Vêtement. — Industries textiles.

Costumes de théâtre. — Vêtements pour hommes. — Vêtements pour dames. — Bonneterie, Lingerie. — Tulles et dentelles. — Broderie, Passementerie. — Corsets, Chaussures, Coiffure, Boutons. — Fleurs et Plumes. — Modes, Chapellerie. — Éventails. — Ganterie. — Ombrelles, Parapluies, Cannes. — Tissus de lin, chanvre, coton, laine. — Tissus de soie. — Tissus d'ameublement.

292 — **Argand** (P.) et **Cie**.
Paris, Grands magasins de la Place de Clichy, rue d'Amsterdam, 95.
Costumes de dames.

293 — **Bar.**
Rantigny (Oise).
Paillons métalliques cuivre doré et argenté, argent plaqué aluminium, similior-or pour modes et paillettes.

294 — **Beissier** (Hector).
>   Paris, rue d'Aboukir, 123.
>   *Apprêts pour fleurs.*

295 — **Bentayou** (Jules).
>   Paris, rue d'Argout, 51
>   *Méthode de coupe.*

296 — **Berlandier** (Mme Thérèse Siffrain).
>   Paris, boulevard Sérurier, 30.
>   *Coiffures.*

297 — **Bertout** (A.).
>   Paris, rue des Bourdonnais, 34.
>   *Tissus, Bonneterie.*

298 — **Bléchet** (E.).
>   Paris, rue Affre, 7.
>   *Boutons nacre et autres, articles de Paris, broches, etc.*

299 — **Bocquet**.
>   Paris, boulevard Saint-Germain, 119.
>   *Etoffes pour vêtements et vêtements sur mesure.*

300 — **Canuet**.
>   Paris, rue de Bondy, 68.
>   *Perles et paillettes métalliques.*

301 — **Choisy** (Auguste).
>Paris, rue St-Denis, 225-227.

Paillettes en tout genre, Paillettes, phénix (gélatine inaltérable).

302 — **Cognacq**.
>Paris, rue de la Monnaie (Samaritaine).

Costumes confectionnés.

303 — **Cottin-Penot**.
>Paris, rue Poussin, 19

Objets artistiques, Vieilles Etoffes.

304 — **Courcel**.
>Paris, passage Parmentier, 18.

Boutons.

305 — **Cuchet** (Mme Vve).
>Paris, faubourg Poissonnière, 25.

Broderies, tapisseries.

306 — **Decan** (Mme).
>Paris, rue des Petits-Champs, 29.

Modes.

307 — **Denis** (N.).
>Paris, rue Fontaine-au-Roi, 24.

Paillettes en tous genres.

308 — **Dheilly** (Emile), success' de **Dheilly-Nordé**.
>Villers-Bretonneux et rue des Bourdonnais, 34.

Gilets de Chasse.

309 — **Duforet** (Mlle).
>Paris, boulevard de Strasbourg, 60.

Corsets.

310 — **Dugas.**
>Paris, boulevard des Capucines, 35, « à la Ville de Bombay ».

Une sortie de Bal.

311 — **Duvelleroy**.
>Paris, passage des Panoramas, 17.

Eventails.

312 — **Félix** (Emile Poussineau dit).
>Paris, faubourg Saint-Honoré, 15.

2 costumes en réduction, reproduction d'une planche « Le Dépit amoureux » (Molière) de Moreau Le Jeune, éditée par la librairie A. Le Vasseur et Ce.

313 — **Huber** (Mlle).
>Paris, rue Saint-Paul, 21.

Broderies.

314 — **Hugot** (Auguste).
>Paris, rue Condorcet, 53.

Chaussures.

315 — **Kahne.**
> Paris, rue du Mont-d'Or, 3.
Broderies, dentelles, instruments, produits russes.

316 — **Kastor** (Paul) et **Ducrocq** (G.).
> Paris, rue Rougemont, 12.

Toiles et Tissus.

317 — **Lewkowicz** (Adam).
> Paris, rue de Paradis, 10.
Broderies à la machine.

318 — **Marie** (Alfred, M^on En^t Kees).
> Paris, rue Poissonnière, 46, et 9, boulevard des Capucines.

Eventails.

319 — **Meunier** (Emile).
> Paris, rue de Maubeuge, 41.
Tiges de bottines.

320 — **Mouret** (Mme).
> Paris, boulevard Sérurier, 35.
Coiffures.

321 — **Paschal.**
> Paris, rue de Belleville, 88-90.
Paillettes en tous genres à l'usage de broderies.

322 — **Perdoux, Bourdereau, Véron et Cie.**
Paris, rue Notre-Dame-des-Victoires, 40.
Robes et manteaux.

323 — **Postel (Jeune).**
Paris, rue du Temple, 134.
Boutons, nouveau système breveté.

324 — **Régnier-Girot.**
Paris, boulevard Haussmann, 19.
Chapeaux haute mode et ses dérivés s'il convient.

325 — **Richer (Frédéric).**
Paris, rue de Rochechouart, 36.
Chaussures de sport.

326 — **Rousseau (Mlle).**
Paris, rue Molière, 19.
Corsets.

327 — **Simon et Cie (A la Grande Maison).**
Paris, rue des Petits-Champs, 7 et 9.
Costumes.

328 — **Stockmann Frères.**
Paris, rue Legendre, 150.
Bustes et mannequins, étalages.

329 — **Storch (L.).**
Paris, rue d'Aboukir, 26.
Confections pour dames.

330 — **Wissotsky.**
Paris, rue Victor-Massé, 21.
Vêtements pour hommes et dames.

GROUPE V

Industrie du Meuble

Société Anonyme pour l'Exploitation
DU
DOSSIER LOMBAIRE MOBILE (A. Mauchain), à Genève
BREVETÉ S. G. D. G.

SIÈGES évitant la fatigue dorsale

BRUNIN & C°
Seul représentant

PARIS - 3, rue Rondelet - PARIS

LE JOURNAL
QUOTIDIEN
Littéraire, Artistique et Politique

DIRECTEUR
Fernand XAU

100, rue de Richelieu, 100
PARIS

Les Fils de S. COBLENCE
VAN POECKE-RENAULT

Médaille d'Or, 1ʳᵉ récompense
EXPOSITION UNIVERSELLE 1889

Maurice COBLENCE

Successeur
TAPISSIER-DÉCORATEUR

Meubles de style

Sièges, Sculpture, Plafonds, Cheminées

Bronze, Dorure, Lambris

18, rue de Caumartin

ATELIERS POUR LA FABRICATION DES MEUBLES

11, rue de l'Aqueduc

AMEUBLEMENTS COMPLETS

Grand Prix, Exposition Universelle, Paris 1889

MAISON KRIEGER

A. DAMON & COLIN

74, Faubourg Saint-Antoine, 74

SUCCURSALE
13, boulevard de la Madeleine

PARIS

ÉBÉNISTERIE

Tapisserie, Literie, Sièges, Tentures

DÉCORATIONS & INSTALLATIONS COMPLÈTES
d'Appartements, Châteaux, Villas

SPÉCIALITÉ DE MEUBLES EN PITCHPIN
et Chambres en Bois clair pour Jeunes Filles

ARMOIRES ANGLAISES
de dispositions différentes

AGENCEMENT DE BUREAUX

Catalogues, Dessins,
Echantillons d'Etoffes sur demande
Devis sur Plans

ARTS DÉCORATIFS

Diplômes d'Honneur

Tapisserie-Ébénisterie-Sculpture

REPRODUCTION DES MEUBLES DU MUSÉE DE CLUNY

16, rue de Lyon

PARIS

Table FERET
SCOLAIRE A ÉLÉVATION FACULTATIVE ET BUREAUX A ÉLÉVATION AUTOMATIQUE
16, rue Etienne-Marcel, PARIS

Ce système, breveté en 1885, est de plus en plus en faveur. Il est reconnu que le buste étant droit, les organes de la poitrine se trouvent dans leur position naturelle. Le bien être, le confort, l'hygiène sont acquis. Le buste droit donne aussi la distance normale des yeux au cahier, soit 0,33 à 0,35 centim., prescrite par les oculistes.

Les travaux alternés assis et debout étant recommandés, l'élévation du pupitre est suffisante pour toutes les tailles. Ce système convient à l'enfant et à l'homme.

17 diplômes d'honneur et 10 médailles d'or ont été décernés aux Expositions.

Modèle du bureau adopté par M. CARNOT, président de la République

Coffres-Forts tout en Acier

réunissant toutes sécurités
CONTRE LE VOL ET L'INCENDIE
Inventions brevetées S. G. D. G.

GALLET

66, boulevard Magenta
Près de la Gare de l'Est

ATELIERS :
122, quai Jemmapes et 11 bis, rue de l'Hôpital-St-Louis
PARIS

COFFRES-FORTS FORMES MEUBLES
Décorés Tuya, Palissandre, etc.
Suivant Ameublement

Meubles de tous styles
renfermant un Coffre-Fort

COFFRETS POUR VALEURS & BIJOUX

Serrures et Verrous de sûreté

ROUES DE LOTERIE

Envoi franco des Tarifs sur demande

LOUIS MALARD

FABRIQUE

ET

Magasin d'Ameublement

DE TOUS STYLES

Sièges, Tapisserie, Tenture

9 bis, rue de Maubeuge, 9 bis
PARIS
Téléphone 125-99

MÉDAILLES D'OR ET D'ARGENT
EXPOSITIONS PARIS

FABRIQUE DE PAPIERS PEINTS
DÉCORATION
Maison fondée en 1845

H. HAZELER

PARIS — 64, rue de Rambuteau, 64 — PARIS

FOURNISSEUR DE LA PRÉFECTURE DE LA SEINE
DE LA BANQUE DE FRANCE, DE LA COMPAGNIE PARISIENNE DU GAZ
DE L'ASSISTANCE PUBLIQUE ET DES CHEMINS DE FER

MÉDAILLES D'ARGENT & D'OR
aux Exposit. de Paris 1872, Paris 1894 (Livre et Industrie du papier)
Bordeaux 1895, Paris 1895 (Travail) et Rouen 1896

DIPLOMES DE GRAND PRIX
aux Expositions de Toulouse 1895, Marseille 1896 et Tours 1896

MEMBRE & PRÉSIDENT DU JURY
au Salon de la Mode, Paris 1896

ENVOI FRANCO D'ALBUMS D'ÉCHANTILLONS ET RENSEIGNEMENTS
sur demande

CALFEUTRAGE MESNARD

MESNARD Jeune

156, boulevard Saint-Germain (au 2ᵉ étage)

PARIS

Seul inventeur et fabricant du Bourrelet chenille-laine

MAISON DE CONFIANCE FONDÉE EN 1867

14 Médailles Or, Argent et Bronze

FOURNISSEUR
DES PALAIS NATIONAUX ET DES PRINCIPALES ADMINISTRATIONS

Aux trois dernières Expositions du Palais de l'Industrie
TROIS MÉDAILLES D'ARGENT

Alfred ORLHAC

SPÉCIALITÉ

DE

MEUBLES LOUIS XVI

Acajou et Cuivre

91, rue Saint-Lazare, 91

PARIS

VENTE & ACHAT DE MOBILIERS

Ancienne Maison RICHSTAEDT Aîné

(ANCIEN FOURNISSEUR DU MOBILIER DE LA COURONNE)

A. PIGNOT

SUCCESSEUR

13, rue Sedaine, 13

AMEUBLEMENTS

TAPISSERIE — ÉBÉNISTERIE

Maison fondée en 1830

Mention honorable, Exposition Univers^{le} 1855, Paris
Médaille d'Argent 1re cl. Expos. Univers^{le} 1867, Paris
Médaille de Bronze, Exposition Univers^{le} 1889, Paris

En 1886, la Chambre syndicale d'Ameublement a décerné la médaille ouvrière à M. Joseph Schwindenhammer, qui était alors âgé de quatre-vingt-un ans et qui comptait cinquante-trois ans de services dans la maison PIGNOT.

Le rapporteur de la Chambre syndicale s'exprimait ainsi sur cet ouvrier : « Il est né en 1805, à Paris, d'un père alsacien. Il travaille depuis 1832 chez M. PIGNOT. D'une conduite irréprochable, c'est, de plus, un excellent ouvrier, travaillant toujours très bien et produisant du travail sérieux, malgré son âge. Il est présenté par M. A. PIGNOT fils qu'il a vu naître. M. PIGNOT le recommande tout particulièrement ».

C'est un grand honneur pour une maison d'établir des liens aussi intimes avec ses collaborateurs. Les faits relatés par le rapport ne sont pas moins à l'éloge de M. PIGNOT qu'à celui de l'artisan qui obtenait la médaille.

Rues d'Amsterdam, de St-Pétersbourg et Place Moncey, Paris
Succursale à Nice, 15, avenue de la Gare, Palais du Crédit Lyonnais
LA PREMIÈRE MAISON DU MONDE POUR SES
IMPORTATIONS ORIENTALES, TAPIS, ARMES, BRODERIES, ETC.
Installations complètes d'Appartements, Châteaux et Villas.
Interprètes dans toutes les langues.

GRANDS MAGASINS
DE LA
PLACE CLICHY
PARIS

IMPORTATION DIRECTE DES TAPIS ORIENTAUX
Turquie d'Asie, Perse, Indes, Chine et Japon

Dépot et stock importants à la douane centrale

TAPIS BOURGAS coloration très douce, laine très longue, toutes les dimensions. Le mètre carré............... **26 »**

TAPIS KARBENKLI coloris et dessins primitifs. Le mètre carré **27 »**

TAPIS HEREZ provenant de Khorasson, laine naturelle, coloris et dessins artistiques. Le mètre carré............... **25 »**

CAIDJICK tapis très serré comme point, copie des vieux tapis de Perse. Le mètre carré............... **35 »**

TAPIS HAMEDAN moderne très serré, dessins originaux. Le tapis. **24 50**

TAPIS ANCIENS DU DAGHESTAN, provenant des palais et des mosquées du Caucase et de l'Arménie. Le tapis 39 et **27 »**

TAPIS BOURGAS coloration fine, très haut de laine. Le tapis....... **24 50**

FOYERS D'ANATOLIE fins et soyeux, série artistique. Le tapis.................. 59 et **49 »**

DERBENTS et CHIRAZ grande taille formant carpette et pouvant servir de milieu de pièce. Le tapis............ 95 et **75 »**

PORTIÈRES DE DIARBEKIR à bandes brodées à la main, double face, de couleurs différentes et originales. Haut. 3 m 20, larg. 1 m 40. La portière.................. **19 50**

ÉCHARPES TURQUES voiles de fauteuil, brodées sur toile.
Broderie tout soie. La pièce........... 3 90 et **2 45**

BRODERIES A JOUR POUR COUSSINS, petits tapis de table, guéridons.
La pièce **8 50**

COLLECTION REMARQUABLE
de Broderies anciennes de Turquie et de Perse
Pièces rares pour panoplies

ARMES ANCIENNES
Lames damasquinées or fin, Yatagans. Armures de la Perse, Fétiches Handjar, etc.

TAPIS FRANÇAIS

Choix incomparable de moquettes françaises, tissage Jacquard dans tous les styles et colorations

Moquette française, tissage mécanique, dessins exclusifs. Largeur 0ᵐ70. Le mètre............... 3 90

Moquette tissage Jacquard, haute nouveauté de la saison. Le mètre....................... 4 90

Moquette française, dessins haute nouveauté tons sur tons, toutes les colorations. Le mètre.. 6 50 et 7 90

Carpettes savonnerie de Beauvais, propriété exclusive,

Dimensions	150×70	140×2	170×2.40	3×2	340×230
Prix.....	7 50	19 50	29 50	42	72

Carpettes Jacquard sur fond crème, dessin de style, qualité supérieure,

Dimensions	Le foyer	2×140	240×170	3×2	240×340
Prix.....	8 50	25	42	65	105

Carpettes Jacquard fabrication supérieure. Laine peignée, copie exacte des tapis anciens du Caucase. Fond crème ou rose,

Dimensions	160×70	160×90	2×140	250×170	3×2	250×350
Prix.....	19 50	29	48	78	115	190

CANAPÉS moquette française, haute broche, 5 et 6 couleurs, franges........... **9 75**

FOYERS moquette Jacquard, tous les styles, très belle qualité................. **10 50**

FOYERS moquette Jacquard, dessins orientaux **6 90**

Menuiserie d'Art

PORTE-SECRÉTAIN

4, rue Thorel (*Près le Gymnase*)
ATELIERS : 88, rue de Cléry, PARIS

Expositions Universelles et Internationales : PARIS 1884, 1885, 1887, 1888, 1889, 1894. NICE : 1884.
Médailles : Or, Vermeil, Argent et Bronze
HORS CONCOURS, MEMBRE DU JURY, PARIS 1891

SPÉCIALITÉ

de Cheminées, Lambris, Plafonds, Escaliers d'Art
MEUBLES D'ARCHITECTURE RENAISSANCE ET GOTHIQUE

Copies de tous les vieux Châteaux de France et Musées

Giuseppe ROSSI et Fils

Sculpteurs sur Bois

SAN STAE, GRAND CANAL — VENISE

---

3 Diplômes d'Honneur
3 Médailles d'Or — 12 Médailles d'Argent
3 Médailles de Bronze

Hors Concours, Membres du Jury:
Paris 1893-1894, Bordeaux 1895

MEUBLES ARTISTIQUES

MAISON DE VENTE A PARIS
398-400, rue Saint-Honoré, 398-400
(PRÈS LA RUE ROYALE)

MAISON DE VENTE A VENISE
50, Place Saint-Marc, 50

Guiseppe ROSSI & Fils

SCULPTEURS SUR BOIS

San Stae, Grand canal – Venise

Diplômes d'Honneur — 3 Médailles d'Or
12 Médailles d'Argent — 3 Médailles de Bronze
Hors Concours
Membres du Jury : Paris 1893-94
Bordeaux 1895

MEUBLES ARTISTIQUES

MAISON DE VENTE A PARIS
398-400, rue St-Honoré, 398-400
(PRÈS LA RUE ROYALE)

MAISON DE VENTE A VENISE
50, Place St-Marc, 50

Giuseppe ROSSI & Fils

Sculpteurs sur Bois

San Stae, Grand Canal — VENISE

Diplômes d'honneur, 3 Médailles d'Or,
12 Médailles d'Argent, 3 Médailles de Bronze,
Hors Concours,
Membres du Jury, Paris 1893-1894, Bordeaux 1895

MEUBLES ARTISTIQUES

MAISON DE VENTE A PARIS
398-400, rue Saint-Honoré, 398-400
(PRÈS LA RUE ROYALE)

MAISON DE VENTE A VENISE
50, place Saint-Marc, 50

FABRIQUE DE
PASSEMENTERIES ET VELOURS D'AMEUBLEMENTS

PARIS ——⊷⊶—— AMIENS

Maisons J. SAVALLE & AIRAULT réunies

J. SAVALLE, Sucr

42, rue des Petits-Champs

PARIS

TÉLÉPHONE

Agencement de Magasins

TH. SCHERF

MAGASINS DE VENTE

35, rue d'Aboukir, 35

PARIS

Bureaux et Ateliers

49, rue Lauriston, 49 (Étoile)

NOUVELLES BIBLIOTHÈQUES

DÉMONTABLES

à Montants en Fer, à Tablettes Mobiles

BREVETÉES S. G. D. G.

Ces bibliothèques, dont la carcasse est en fer, ont un grand avantage de solidité sur celles en bois, et ne nécessitent aucun point d'attache au mur. On apprécie le grand avantage de cet isolement du mur, qui bien souvent se trouve garni de moulures, de décorations ou de tentures.

Tous les tasseaux en fer supportant les tablettes, ainsi que les traverses intermédiaires maintenant les volumes, étant indépendants de la carcasse principale, peuvent se déplacer de hauteur à volonté, et être diminués ou augmentés de nombre.

La tablette supérieure, garnie d'une forte moulure en saillie, est munie à l'intérieur d'une tringle pour rideaux, garantissant de la poussière.

Ces Bibliothèques se font à double face pour être posées, au milieu d'une pièce, et peuvent se monter sur roulettes.

Ce système de Bibliothèque se fait à toutes dimensions comme hauteur, profondeur et longueur.

Le démontage est facile et instantané.

AMEUBLEMENT

SOUBRIER

14, rue de Reuilly, 14

TÉLÉPHONE   PARIS   TÉLÉPHONE

MÉDAILLES D'OR

Hanoï 1887 — Bruxelles 1888

Melbourne 1888

MEMBRE DU JURY

Paris 1889 — Amsterdam 1883

Barcelone 1888

DÉCORATION ARTISTIQUE
de Châteaux, d'Hôtels, d'Appartements

IMITATIONS DE TAPISSERIES
ANCIENNES & MODERNES

TENTURES, MEUBLES, PARAVENTS
ÉCRANS

Durée et Exécution garanties

Jacques STAUFFACHER
—○ TÉLÉPHONE ○—   PARIS   —○ TÉLÉPHONE ○—

17, rue Saint-Fiacre, 17

PRÈS DU BOULEVARD POISSONNIÈRE

Imitation des Tapisseries des Gobelins
du Garde-Meuble, du Musée de Cluny
d'Aubusson, de Beauvais, etc.

Bibliothèque Tournante Terquem
MARQUE DÉPOSÉE

BIBLIOTHÈQUE-TERQUEM

APPUI-LIVRES MÉTAL

Appui-Livres bois

INDISPENSABLE

à toute personne

POUR

l'usage journalier

de ses livres

APPUI-LIVRES

CHEVALETS

Porte - Dictionnaires,

ETC., ETC.

Envoi franco du Catalogue

Em. TERQUEM

19, rue Scribe, Paris

E. THOMASSIN

Fabricant

99, rue du Faubourg-Saint-Antoine, 99

PARIS

Meubles genre anglais. Fabrication parisienne

ARMOIRES A LINGERIE & PORTE-MANTEAUX

Meubles en bois massif et en ébénisterie

SPÉCIALITÉ DE TOILETTES & LAVABOS

de tous systèmes
à cuvettes bascules et fixes, à réservoir
et prise d'eau directe

Médaillé à toutes les Expositions

AMEUBLEMENTS
SIÈGES ET TENTURES
de tous styles

J. TRIBEL

TAPISSIER-DÉCORATEUR

49, RUE LE PELETIER

Grand Choix d'Étoffes et de Tapis

INSTALLATIONS COMPLÈTES D'APPARTEMENTS

Installations complètes pour Expositions

MENUISERIE, TAPISSERIE

LOCATIONS
de Vitrines, Comptoirs, Gradins, etc.,
pour l'Exposition de Bruxelles, avril 1897

EXPOSITION NATIONALE DE ROUEN 1896
Médaille de bronze

AMEUBLEMENTS & TAPISSERIES

tous styles

G^{EL} VIARDOT & CIE

ATELIERS ET MAGASINS :

36, rue Amelot, 36
PARIS

MAISON FONDÉE EN 1851

Créateur du genre dit « Meubles Viardot »

PARIS : EXPOSITION UNIVERSELLE 1855
Médaille de bronze

PARIS : EXPOSITION UNIVERSELLE 1878
Médaille d'argent

ANVERS : EXPOSITION UNIVERSELLE 1885
Médaille d'or

BRUXELLES : EXPOSITION UNIVERSELLE 1888
Diplôme d'honneur

PARIS : EXPOSITION UNIVERSELLE 1889
Médaille d'or

MÉDAILLES ET MEMBRE DU JURY
à toutes les autres Expositions

GROUPE V

Industrie du Meuble

Ameublement des Scènes de Théâtre. — Aménagement de Foyers et Loges d'Artistes. — Ebénisterie, Sculpture sur Bois. — Ouvrages du Tapissier et du Décorateur. — Tapis et Tapisserie. — Stores. — Linoleum. — Papiers peints.

331 — **Alliaume.**
    Paris, avenue Ledru-Rollin, 72.
    Meubles et objets d'art.

332 — **Argand** et Cie.
    Paris, magasins de la place Clichy, rue d'Amsterdam, 95.
    Tapisserie, tapis, ameublement.

333 — **Bougon** (Mme Vve).
    Paris, place de la Madeleine, 6.
    Eventails, abat-jour.

334 — **Boverie.**
    Paris, rue du Faubourg-Saint-Antoine, 115.
    Meubles d'art.

335 — **Chaloupin** (Mme Jip).
   Paris, rue des Dames, 58.
   Peintures à l'huile sur étoffes, procédé spécial.

336 — **Chapon** (A.).
   Paris, boulevard Beaumarchais, 26.
   Meubles.

337 — **Coblence** (Maurice).
   Paris, rue Caumartin, 18.
   Ameublement.

338 — **Conrad et Seyfrid**.
   Paris, avenue de Wagram, 35.
   Rayons mobiles et démontables, bibliothèques.

339 — **Dalsème et fils**.
   Paris, rue Saint-Marc, 18.
   Tapis d'Orient, feutres et étoffes d'Orient pour ameublement.

340 — **Damon** (A.) et **Coli**.
   Paris, rue du Faubourg-Saint-Antoine, 74.
   Ameublements.

341 — **Drouard**.
   Paris, rue de Lyon, 16.
   Meubles d'art.

342 — **Dujeu-Saingery** (Mme).
Paris, rue Villehardouin, 12.
Abat-jour.

343 — **Féret** (Alfred).
Paris, rue Etienne-Marcel, 16.
Tables Féret.

344 — **Fleck frères** (Au Tapis Rouge).
Paris, rue du Faubourg-St-Martin, 65-67-69.
Ameublement.

245 — **Gautier (J.) et fils.**
Paris, rue de la Roquette, 59.
Billards, tables, accessoires, jeux.

346 — **Guinot-Wallet.**
Neuilly, rue de l'Ouest, 2.
Tapisseries anciennes et modernes.

347 — **Hamelin** (A.) et **Stéphany** (A.-J.).
Paris, rue de Rivoli, 12.
Panneaux, peinture décorative.

348 — **Hazeler** (Henri).
Paris, rue Rambuteau, 64.
Panneaux décoratifs en papiers peints.

349 — **Janiaud.**
> Paris, rue de Rochechouart, 61.

Meubles.

350 — **Laguionie-Rome.**
> Paris, boulevard Saint-Germain, 204.

Bourrelet perfectionné pour calfeutrage, plinthes mobiles et fixes.

351 — **Lecot (Mme A.-M.).**
> Billancourt, rue de Seine, 17 (près l'avenue des Moulineaux).

Tapis et Tapisseries, devants de cheminées.

352 — **Ledruc (Ch.).**
> Paris, avenue de Wagram, 35.

Fauteuils.

353 — **Le Mardelé.**
> Paris, rue Faubourg-Saint-Antoine, 115.

Papiers peints et toiles peintes.

354 — **Lits Parisiens.**
> Paris, rue des Arquebusiers, 7.

Lits parisiens brevetés.

355 — **Loisy.**
> Paris, rue Feydeau, 7.

Objets d'ameublement, fantaisies artistiques, bronzes.

356 — **Luttringer** (Ch.).
>Paris, rue de la Lune, 35.
Cadres en bois.

357 — **Malard** (Louis).
>Paris, rue de Maubeuge, 9 bis.
Meubles et tapisserie.

358 — **Mangin.**
>Paris, rue Cadet, 3.
Tringles chemin de fer pour rideaux de théâtres et appartements.

359 — **Mesnard jeune** (Auguste).
>Paris, boulevard Saint-Germain, 156.
Bourrelets d'appartement.

360 — **Moinet** (L.).
>Paris, 13, rue Jean-Beaussire, 13.
Etagère à gradin.

361 — **Muller et fils.**
>Paris, rue de Châteaudun, 50.
Meubles et tentures.

362 — **Orlhac** (Alfred).
>Paris, rue Saint-Lazare, 91.
Ameublements et bronzes.

363 — **Oppenheimer frères.**
>Paris, rue de Clichy, 21.
>*Chinoiseries et japonaiseries.*

364 — **Perrin (S.).**
>Paris, avenue de la Grande-Armée, 40.
>*Stores de tous genres de sa fabrication, montés et fonctionnant.*

365 — **Philippe (Jules).**
>Paris, rue des Bons-Enfants, 29.
>*Boîtes, coffrets, étagères, petits meubles.*

366 — **Pignot (A.).**
>Paris, rue Sedaine, 13.
>*Ameublement.*

367 — **Pique (Georges).**
>Paris, rue du Faubourg-Saint-Antoine, 95.
>*Sièges suédois.*

368 — **Porte-Secrétain.**
>Paris, rue Thorel, 4.
>*Meubles d'art.*

369 — **Ramolfo (François).**
>Paris, rue de Flandre, 114-125.
>*Fauteuils-lits et chaises pour enfants.*

370 — **Rossi (Giuseppe) et fils.**
>   Paris, rue Saint-Honoré, 398.
>   *Meubles et sièges artistiques.*

371 — **Savalle (J.).**
>   Paris, rue des Petits-Champs, 42.
>   *Passementerie pour ameublement.*

372 — **Schamber.**
>   Paris, faubourg Saint-Antoine, 75.
>   *Meubles d'art avec bronzes et peintures, vernis Martin.*

373 — **Scherf (Th.).**
>   Paris, rue Lauriston, 49.
>   *Rayons mobiles, bibliothèques et étagères démontables, bureaux, etc.*

374 — **Société anonyme du dossier lombaire mobile.**
>   Paris, rue Rondelet, 3.
>   *Sièges et fauteuils mobiles.*

375 — **Soubrier (François et Paul).**
>   Paris, rue de Reuilly, 14.
>   *Meubles, tapisseries.*

376 — **Stauffacher.**
>   Paris, rue Saint-Fiacre, 17.
>   *Tapisseries, imitation.*

377 — **Steichen (A.).**
>Paris, rue du Faubourg-Saint-Antoine, 56.
>*Meubles de salles à manger, chambres à coucher.*

378 — **Terquem (Em.).**
>Paris, rue Scribe, 19.
>*Bibliothèques tournantes.*

379 — **Thomassin (E.).**
>Paris, rue du Faubourg-Saint-Antoine, 99.
>*Meubles et toilettes lavabos.*

380 — **Tribel (J.).**
>Paris, rue Le Peletier, 49.
>*Tapisserie et ameublement.*

381 — **Viardot (G.) et Cie.**
>Paris, rue Amelot, 36.
>*Ameublement.*

GROUPE VI

Éclairage et Chauffage

GILLET & FOREST

INGÉNIEURS CONSTRUCTEURS BREVETÉS

Fournisseurs de l'Etat, de la Marine, de la Guerre et des Chemins de fer

32, boulevard Henri-IV, PARIS

APPAREILS D'ÉCLAIRAGE BREVETÉS S.G.D.G.
A L'ACÉTYLÈNE
BECS brûleurs brevetés s. g. d. g., à l'ACÉTYLÈNE

ÉCLAIRAGE à l'HUILE, au PÉTROLE, etc.
pour Chemins de fer et Marine

Eolipyle
CHALUMEAU
NÉO-CAUTÈRE
} **du Docteur PAQUELIN**

PYROCHROMES PAQUELIN-BLAIN

ACCESSOIRES DIVERS
pour Compagnies de Chemins de fer et Marine

CHAUFFAGE ANCELIN à la Baryte

GROUPE VI

Éclairage et Chauffage

Divers systèmes d'éclairage et de chauffage pour salles de théâtre. — Procédés d'éclairage des rampes de théâtre. — Appareils spéciaux pour projections sur la scène. — Électricité. — Gaz. — Pétrole. — Divers produits d'éclairage et de chauffage et appareils.

382 — **Aumeunier.**
>Paris, rue Béranger, 19.
>*Appareils d'éclairage.*

383 — **Beau et Bertrand-Taillet.**
>Paris, rue Saint-Denis, 226.
>*Appareil producteur pour l'acétylène.*

384 — **Bengel jeune et Mégret.**
>Paris, avenue Parmentier, 64.
>*Appareils pour le gaz et l'électricité.*

385 — **Chaboche (E.).**
>Paris, rue Rodier, 33.
>*Appareils de chauffage.*

386 — **Clément (P.).**
>   Paris, rue des Entrepreneurs, 62.
>   *Lampe à essence inversable.*

387 — **Deslandes.**
>   Paris, rue de l'Echelle, 2.
>   *Bougies, Veilleuses, Articles d'éclairage, etc.*

388 — **Distillerie agricole**
>   de Verberie (Oise).
>   *M. Roland, administrateur délégué.*

389 — **Dugour (Henri).**
>   Paris, faubourg Saint-Denis, 81.
>   *Appareils à gaz acétylène.*

390 — **Egrot et Grangé.**
>   Paris, rue Mathis, 23.
>   *Appareils pour l'acétylène.*

391 — **Fescourt.**
>   Paris, rue Violet, 24.
>   *Appareils pour projections à l'acétylène.*

392 — **Gillet et Forest.**
>   Paris, boulevard Henri IV, 32
>   *Eclairages divers.*

393 — **Grangé (H.-D.).**
>Paris, rue Notre-Dame-de-Nazareth, 38.
Verres à gaz.

394 — **Lathoud Aîné.**
>Paris, rue de Belleville, 38
Articles divers pour éclairage.

395 — **Lebrun-Tardieu (G.).**
>Paris, rue des Archives, 63.
Bronze d'éclairage, Gaz, Électricité, Foyers.

396 — **Lefèvre (Henri).**
>Paris, rue de la Folie-Méricourt, 49.
Réchauds à alcool, Cafetières.

397 — **Luchaire (Henri).**
>Paris, rue Erard, 27.
Appareils à acétylène.

398 — **Mougin.**
>Paris, rue des Filles-du-Calvaire, 21.
Phare électrique.

399 — **Naud (Joseph-Alphonse).**
>Paris, faubourg Saint-Denis, 14.
Lampes à pétrole, Réchauds, Cuisinières à pétrole, Calorifères et autres Articles d'éclairage et de chauffage.

400 — **Peyre Gough.**
    Paris, rue de Rivoli, 250.
    Appareils de chauffage d'appartement.

401 — **Pinard** (Alphonse).
    Paris, rue d'Anjou, 9.
    Appareils de chauffage en fonte émaillée et nickelée.

402 — **Société française d'Eclairage holophane**
    (M. Engelfred, directeur.)
    Paris, rue de Saint-Quentin.

403 — **Thierry** (Jules).
    Paris, faubourg Saint-Denis, 74.
    Nouveaux procédés pour la lumière du pétrole.

404 — **Thomas.**
    Paris, boulevard Saint-Martin, 8.
    Lampes à incandescence à pétrole.

405 — **Thouilly.**
    Levallois-Perret, rue Carnot, 25.
    Grilles de Foyer.

406 — **Tissier Jeune** (E.).
    Paris, rue de la Folie-Méricourt, 20.
    Bougeoirs pneumatiques et Articles divers.

407 — **Vallad (V.).**
>Paris, galerie Vero-Dodat, 32 et 34.

Appareils gazéifères.

408 — **Van Echtelt.**
>Paris, rue Lecourbe, 73.

Supports de lampe métalliques.

409 — **Vigniard.**
>Paris, rue de Saintonge, 62.

Appareils électriques.

GROUPE VII (A)

Industries chimiques, Pharmacie et Hygiène

B. BLANKENBERG

Droguiste établi en 1877

31, rue des Francs-Bourgeois, PARIS

CONCESSIONNAIRE DE

l'Eau minérale de Bilin

Bicarbonatée, Sodique, Alcaline

ET

Pastilles digestives de Bilin

MÉDAILLES D'OR D'ARGENT ET BRONZE

et Diplômes d'honneur

APPROBATION DE L'ACADÉMIE DE MÉDECINE

et autorisé par l'Etat

PUISSANT

pour la digestion, diabète, gravelle, maladies de foie, rhumatismes, vessie, etc.

ROUSSEAU

APPAREILS

POUR

SALLES DE BAINS & HYDROTHÉRAPIE

93 et 99, rue de Provence

La maison ROUSSEAU a réuni dans son intéressante exposition les appareils de bains et d'hydrothérapie les plus pratiques et les plus confortables. Elle met à la disposition du public un chauffe-bain avec lequel le bain est prêt en vingt minutes, et avec une dépense de 0 fr. 20 c. de gaz. Par une disposition très commode, cet appareil instantané peut alimenter simultanément une baignoire, une toilette, un poste-d'eau, un bain de pieds, un bain de siège et une douche écossaise, c'est-à-dire répondre de la façon la plus complète à tous les besoins de l'hygiène.

Les appareils de la maison Rousseau permettent aux locataires d'installer eux-mêmes des salles de bains, sans se lancer dans des dépenses exagérées, et surtout sans faire de travaux de maçonnerie devant la difficulté desquels on hésite. L'établissement d'une salle de bains ordinaire coûte 250 francs, et l'on peut avoir une salle de bains riche, complète, pour 800 francs. M. Rousseau se charge aussi de l'installation des cabinets de toilette, et les dessins qu'il présente montrent avec quelle habileté il joint l'élégance à la commodité.

Cette maison expose également des appareils hygiéniques pour le tout-à-l'égout ; elle dispose d'un assortiment considérable d'appareils à chasse d'eau et offre aux propriétaires des combinaisons économiques sur lesquelles nous appelons leur attention.

On peut voir fonctionner tous les appareils, tous les jours, soit au Palais de l'Industrie, soit à l'établissement de M. Rousseau, 50, boulevard Haussmann, et dans ses succursales, 13, rue de Labruyère, et 86, rue Cardinet. M. Rousseau se charge, du reste, sur simple demande, d'établir gratuitement des plans et devis qui permettent au client de savoir exactement dans quelle dépense il s'engage et ce qu'il aura pour son argent.

GROUPE VII (A)

Industries Chimiques, Pharmacie et Hygiène

Produits chimiques, Produits pharmaceutiques.— Hygiène (produits et appareils d'). — Appareils de ventilation pour théâtres, salles de spectacle et autres.

410 — Bessière.
  Paris, rue Toricelli, 11.
  Ventilateurs « Excelsior ».

411 — Blankenberg (B.).
  Paris, rue des Francs-Bourgeois, 31.
  Produits d'hygiène et différents produits de sa maison.

412 — Bleuze et Cie.
  Paris, rue Tronchet, 13.
  Appareils orthopédiques.

413 — Bonnet (F.) et Cie.
  Paris, rue Taitbout, 80.
  Produits pharmaceutiques.

— 198 —

414 — Buchet (Charles).
>Paris, Administrateur de la pharmacie centrale de France, rue des Nonnains d'Hyères, 21.

Produits pharmaceutiques.

415 — David-Carneiro et Cie.
>Coritiba (Brésil). C. Duval et Boullerot, agents pour l'Europe, rue Jacques Dulud, 59, Neuilly-sur-Seine.

Maté et produits au maté.

416 — Champigny.
>Saint-Denis, (Seine).

Ferratine Champigny, Emulsion Champigny.

417 — Chassaing et Cie.
>Paris, avenue Victoria, 6.

Produits pharmaceutiques.

418 — Cornette.
>Paris, rue Nationale, 157.

Produits pharmaceutiques.

419 — Cornu et Warin.
>Paris, rue de Vanves, 41.

Produits pharmaceutiques.

420 — Crié (Georges).
>Rouen, rue Pereire, 38-40.

Produits pharmaceutiques pour la fabrication des liqueurs.

421 — **Darthez.**
   Paris, faubourg Poissonnière, 8.
Papier pectoral.

422 — **Degrauwe.**
   Paris, rue Lafayette, 132-134.
Fer Gaffard.

423 — **Dépensier.**
   Rouen, rue du Bac, 47.
Produits pharmaceutiques.

424 — **Desnoix et Debuchy.**
   Paris, rue Vieille-du-Temple, 17.
Produits pharmaceutiques.

425 — **Detourbe** (Docteur).
   Paris, rue Boulle, 3.
Masques respirateurs.

426 — **Dubus.**
   place du Plâtre, 6, Rouen, Seine-Inférieure.
Tapioca phosphaté, produits pharmaceutiques.

427 — **Dumontier** (M.)
   Rouen, rue d'Alsace-Lorraine, 1.
Produits pharmaceutiques.

428 — **Duré** (Eugène).
    Paris, rue Maxime, 4.
Express-Brillant.

429 — **Esménard** (Edmond).
    Paris, rue d'Allemagne, 169.
Produits pharmaceutiques.

430 — **Flach.**
    Paris, rue de la Cossonnerie, 8.
Le régénérateur des voies respiratoires « Le Végéto-Fer ».

431 — **Fauvel** (Docteur).
    Paris, rue Godot-de-Mauroy, 23.
Oxi-fluide antiseptique.

432 — **Gérard** (Philippe).
    Paris, rue des Capucines, 12.
Liqueur hygiénique « La Longévitine ».

433 — **Germain** (Henri).
    Paris, rue de la Chaussée-d'Antin, 45.
Instruments de chirurgie, appareils d'hygiène.

434 — **Girard** (A.) et Cie.
    Paris, rue de Condé, 22.
Vin Girard et produits pharmaceutiques.

435 — **Glaas** (Guillaume).
    Paris, rue Friant, 40.
    Oléo brillant Lako-Lake galvano-argent, cirage, encaustique, etc.

436 — **Gobert**.
    Paris, rue des Acacias, 40.
    Produits pharmaceutiques.

437 — **Grandjean**.
    Paris, boulevard Arago, 108.
    Produits antiseptiques des colonies (Hygiène).

438 — **Guillaume** (Pierre).
    Paris, avenue de La Motte-Piquet, 35.
    Orthopédie.

439 — **Héringer** (J.).
    Paris, rue de Rambuteau, 59.
    Coup de fer parisien et Produits chimiques.

440 — **Howatson** (A) et Cie.
    Neuilly-sur-Seine, avenue du Roule, 165.
    Filtres divers et installation d'assainissement de villes.

441 — **D'Hu** (A.).
    Paris, boulevard de Strasbourg, 71.
    Brillant d'or.

442 — **Laborde.**
>Paris, rue Montmartre, 65.
>*Produits pharmaceutiques.*

443 — **Lacomme** (Docteur).
>Paris, rue Tiquetonne, 18 *bis.*
>*Produits pharmaceutiques.*

444 — **Landragin** (Ch.).
>Ribécourt (Oise). Dépôt à Paris, rue La Bruyère, 21.
>*Produits hygiéniques du Docteur Rhons.*

445 — **Langlet.**
>Paris, rue Lagrange, 11.
>*Produits hygiéniques.*

446 — **Lepouzé.**
>Monville, Seine-Inférieure.
>*Hémoglobine Lepouzé.*

447 — **Levasseur** (Eugène).
>Paris, rue d'Angoulême, 70.
>*L'anti-taches, savon à détacher.*

448 — **Liskenne** (Henri).
>Paris, rue de Rivoli, 68.
>*Yeux artificiels.*

449 — **Lovis** (Théodore).
   avenue des Moulineaux, 73, Billancourt, Seine.
« Le Floréal » engrais pour plantes d'appartement.

450 — **Malesset**.
   Paris, rue du Faubourg-Saint-Denis, 148.
Instruments de chimie, appareils, syphons.

451 — **Mayniel**.
   Billancourt (Seine), route de Versailles, 150.
Produits pharmaceutiques.

452 — **Michel** (Albert).
   Abbeville, Somme.
Produits pharmaceutiques.

453 — **Millot** (Armand).
   Saint-Quentin, Aisne.
« La Fromentine » Tourteaux de son.

454 — **Monier** et Cie.
   Paris, rue des Petites Ecuries, 50.
Sel Monier.

455 — **Paris**.
   Dieppe, Grande Rue.
Produits pharmaceutiques.

456 — **Pharmacie Commerciale**.
> Paris, rue Drouot, 23.
> *Produits pharmaceutiques.*

457 — **Pichat (A.)**.
> Paris, rue de Vaugirard, 118.
> *L' « Inodore », désinfectant hygiénique.*

458 — **Renault et Caillaud**.
> Paris, rue Monsieur le Prince 48
> *Appareils électro-médicaux.*

459 — **Robert (Paul)**.
> Paris, rue des Lombards, 26.
> *Produits pharmaceutiques.*

460 — **Robert**.
> Pharmacien à Saint-Denis (Seine).
> *Produits Ramos.*

461 — **Rousseau et Cie**.
> Paris, rue de Provence, 93.
> *Hydrothérapie, salles de bains, appareils hygiéniques, modèles de water-closets pour théâtres, etc, etc.*

462 — **Rozan**.
> Paris, avenue de Clichy, 96.
> *Produits pharmaceutiques.*

463 — **Saint-Sauveur** (A. de).

Paris, rue Taitbout, 14.

La « Tréphosine ». — *Produits hygiéniques et alimentaires.*

464 — **Schaffner**.

Paris, rue de Douai, 58.

Pepto-fer Jaillet, gouttes concentrées Schaffner.

465 — **Schmoll**.

Paris, rue des 4-Fils, 20

Eaux minérales.

466 — **Strauss et Cie**.

Paris, rue de Flandre, 33.

« La Nourrice » *bière hygiénique pour nourrices et malades.*

467 — **Taillandier**.

Paris, rue Cels, 8.

Le « Bourguignon » fortifiant au quinquina Calisaya.

468 — **Thomasset** (Adolphe).

Paris, boulevard de La Chapelle, 15.

Pâtes à polir.

469 — **Tissier** (Th.).

Paris, boulevard de Sébastopol, 105.

Filtres Grandjean.

470 — **Tulivet.**
>Paris, route de Versailles, 110.
>*Produits pharmaceutiques.*

471 — **Van Vloten.**
>Paris, rue Vieille-du-Temple, 20
>*Pansement hygiénique.*

472 — **Verley**, directeur des Amidonneries et Rizeries de France.
>Marquette-les-Lille (Nord).
>*Poudre de riz « Ondine ».*

473 — **Verruy.**
>Paris, rue Bleue, 6.
>*La Cruorine du R. P. Félix au fer naturel, coca, kola, cacao.*

474 — **Wolf.**
>Paris, rue Castex, 8.
>*Produits appliqués aux Beaux-Arts.*

GROUPE VII (B)

Parfumerie

GROUPE VII *(B)*

Parfumerie

Produits et objets relatifs à l'art de grimer. — Fards, Crayons spéciaux pour le théâtre. — Parfumerie et articles de toilette.

475 — **Autard** (André).
Paris, rue de Castiglione, 6.
Rasoir Bijou et Accessoires.

476 — **Chassereau-Ménard.**
Paris, faubourg Poissonnière, 48.
Produits de parfumerie et de toilette, Produits pharmaceutiques.

477 — **Fuchs** (Adolphe).
Paris, avenue d'Orléans, 5.
Odon gusnoi-dentifrice, Elixir, Pâte, Poudre.

478 — **Lafond** (Etienne).
Paris, rue de Vanves, 216
Eau de toilette.

479 — **Lamy** (René).
Paris, rue du Mont-Cenis, 73.
Saponine.

480 — **Leroux** (Maison Monpelas) succr.
>Paris, rue d'Hauteville, 52.
Fards, Parfums, Savons, Poudre de riz, etc.

481 — **Marcellin** (Fréd).
>Paris, rue de Ponthieu, 36.
Eau dentifrice américaine Dhavaladont.

482 — **Menu et Cie**.
>Paris, rue du Rocher, 38.
Dentifrices.

483 — **Morette** (Philippe).
>Au Grand-Coq (Seine-et-Oise), rue Saint-Germain, 1 et 3.
Savon Philidor, Encaustique, Encre.

484 — **Noir** (Louis).
>Paris, rue de Castiglione, 14.
Parfumerie, Savonnerie.

485 — **Ponty**.
>Paris, rue Saint-Paul, 9.
Eau dentifrice du docteur Christin.

486 — **Prestat** (Louis).
>Paris, rue de la Paix, 17.
Produits Botot.

487 — **Ravenet Aîné**.
>   Paris, quai de Passy, 28.
> *Peignes en tous genres.*

488 — **Roqueblave** (Mme).
>   Paris, place Bréda, 12.
> *Parfumerie hygiénique.*

489 — **Roqueblave** (Mme).
>   Paris, place Bréda, 12.
> *Produits divers.*

490 — **Souillard** (Paul).
>   Paris, rue du Temple, 134.
> *Parfumerie.*

491 — **Thiébault**.
>   Paris, avenue de Versailles, 73.
> *Produit conservateur des dents.*

492 — **Thouard** (Louis).
>   Château d'Andillon, près Blois (Loir-et-Cher);
>   Paris, rue de Jouy, 10.
> *Eau merveilleuse « La Châtelaine ».*

493 — **Wiggishoff**.
>   Paris, rue Marcadet, 153.
> *Parfumerie.*

GROUPE VIII

Industrie du Métal

Maison J. SCHLOSSMACHER

AUMEUNIER & Cie

SUCCESSEURS

TÉLÉPHONE   19, rue Béranger, 19   TÉLÉPHONE

Marque de ✳ J.S ✳ Fabrique

ÉLECTRICITÉ
PÉTROLE, HUILE, GAZ

Lustres, Suspensions, Lampes,
Appareils de Billards, Candélabres, Flambeaux,
Coupes, Colonnes, Torchères, etc.

Lampe Pétrole Intensive Brevetée

BRULANT TOUS LES PÉTROLES SANS AUCUN DANGER

Envoi de Dessins et d'Albums sur demande

Médaille d'Or aux Expositions Universelles
1867 – 1878 – 1889

Fontes d'Art

Eugène BLOT

84, rue des Archives, 84

PARIS

EXPOSITIONS UNIVERSELLES

Paris 1878-1889 : Médaille d'Or

CHICAGO 1893 :

Chevalier de la Légion d'Honneur

FABRIQUE DE BIJOUTERIE

Brevets d'Invention et de Perfectionnement

P. GRENET

13, Boulevard Saint-Martin, 13

PARIS

Médailles aux Expositions de Paris 1879-1885,
Nice 1884, Toulouse 1887

Bourses Or, Argent, Aluminium et Imitation

COMMISSION — EXPORTATION

G. LEBRUN-TARDIEU

Fabrique de Bronze d'Éclairage

POUR GAZ, ÉLECTRICITÉ, PÉTROLE

63, Rue des Archives, 63

ANCIENNEMENT
20, Rue des Gravilliers

PARIS

TÉLÉPHONE

LE JOURNAL

QUOTIDIEN

Littéraire, Artistique et Politique

DIRECTEUR

Fernand XAU

100, rue de Richelieu, 100

PARIS

E. SOLEAU

Successeur de L. KLEY

127, rue de Turenne, 127

PARIS

FABRIQUE DE BRONZES D'ART

Fantaisies artistiques en marbre et bronze

ÉCLAIRAGE ÉLECTRIQUE

Perles éclairantes. — Fleurs émaillées

MÉDAILLES AUX EXPOSITIONS UNIVERSELLES

Membre du Jury, Exposition Universelle d'Anvers 1894

ÉDITEUR des ŒUVRES de JOSEPH CHÉRET

ORFÈVRERIE D'ART

POUR

Prix de Courses et de Tir

Mon PARVILLERS

A. VILDIEU

SUCCESSEUR

80, rue de Turenne, 80

TÉLÉPHONE — PARIS — TÉLÉPHONE

Paris 1889 : Médaille d'Or

FABRIQUE
DE
Bronzes d'Éclairage
et d'Ameublement

GAZ — ÉLECTRICITÉ

Huile et Pétrole

GROUPE VIII

Industrie du Métal

Armes de Théâtre ou d'apparat, Armes diverses, Armures. — Escrime et Matériel d'escrime. — Serrurerie. — Ferronnerie. — Coutellerie. — Orfèvrerie. — Bijouterie, Joaillerie. — Bronze. — Horlogerie.

494 — **Baudrit.**
    Paris, rue de Bondy, 54.
    Emaux et objets d'art.

495 — **Bisson (A.).**
    Paris, rue de Montmorency, 3.
    Bijoux dorés.

496 — **Biéli.**
    Paris, rue Croix-des-Petits-Champs, 30.
    Bijoux or et argent.

497 — **Blot.**
    Paris, rue des Archives, 84.
    Bronzes.

498 — **Cailar, Bayard** et Cie.
Paris, rue d'Hauteville, 30.
Couverts, orfèvrerie, bijouterie, surtouts de table.

499 — **Chapus** (Mme Vve A.).
Paris, rue de Rivoli, 86.
Joaillerie, bijouterie, orfèvrerie, horlogerie.

500 — **Chrétin** (Frédéric).
Paris, rue des Acacias, 9.
Coutellerie.

501 — **Cœur** (G.).
Paris, rue de Turenne, 50.
Bijouterie fantaisie.

502 — **David.**
Paris, rue Grenier-Saint-Lazare, 4.
Pierres précieuses.

503 — **Dubelle.**
Paris, rue Saint-Anastase, 9.
Bronze d'art, imitations.

504 — **Dubois frères.**
Paris, rue Grenier-Saint-Lazare, 12.
Orfèvrerie.

505 — **Ettlinger frères** (L. et S.).
Paris, rue Saint-Anastase, 9.
Objets d'art, fantaisie et religieux, étains.

506 — **Fouchet** (Alexandre).
Paris, rue du Faubourg-Poissonnière, 23.
Médaille du Président de la République.

507 — **Froment-Meurice**.
Paris, rue d'Anjou, 46.
Orfèvrerie, bijoux.

508 — **Gaillard**.
Paris, rue des Quatre-Fils, 5.
Bronzes.

509 — **Gallet et Leroux**.
Paris, boulevard de Magenta, 66.
Coffres-forts.

510 — **Gambard** (Félix).
Paris, rue du Vert-Bois, 35.
Cadres photographiques fantaisies.

511 — **Gastel** (Frédéric-Jules).
Paris, rue Lecourbe, 12.
Horlogerie électrique.

512 — **Gorges** (Aymard).
>Paris, rue Pastourelle, 11.
>*Bronzes d'art, de fantaisie et électricité.*

513 — **Goosse** (Alphonse).
>Paris, rue Amelot, 86.
>*Fantaisies artistiques.*

514 — **Grelle** (C.).
>Paris, boulevard de Belleville, 63.
>*Spécimens de découpages, bois et métaux, jardinières pour appartement, systèmes de petits bois décoratifs, ornements de croisées et meubles.*

515 — **Grenet** (Paul).
>Paris, boulevard Saint-Martin, 13.
>*Bijouterie, bronzes.*

516 — **Gutperle** (R.).
>Paris, boulevard de Magenta, 12.
>*Bijouterie, articles de théâtre.*

517 — **Halboister**.
>Paris, rue des Haudriettes, 5.
>*Cadres fantaisie, bronze et velours.*

518 — **Héniq**.
>Paris, rue de Turenne, 49.
>*Bijouterie argent.*

519 — **Herzfeld** (Ernest).
Paris, rue Vaucanson, 4.
Bijoux de deuil, ornements pour modes.

520 — **Huet et Ligier.**
Paris, rue de Turenne, 118.
Acier poli.

521 — **Lapome.**
Paris, rue de Bondy, 40.
Bijouterie en tous genres.

522 — **Lebrun-Tardieu.**
Paris, rue des Archives, 63.
Bronzes d'éclairage.

523 — **Leclerc** (Jules).
Paris, rue du Théâtre, 109.
Horlogerie et bijouterie.

524 — **Leprince.**
Paris, rue de Cléry, 4, et rue d'Aboukir, 37.
Boutons en tous genres.

525 — **Mabille** (Adolphe).
Paris, boulevard du Temple, 39.
Bijoux pour le théâtre et bijoux fantaisie.

526 — **Malécot** (J.).
>Paris, rue du Temple, 153.
>*Bijouterie imitation.*

527 — **Marmorat frères.**
>Paris, rue Michel-le-Comte, 23.
>*Bijouterie et doublé.*

528 — **Mascuraud frères.**
>Paris, rue du Général-Morin, 8.
>*Bijouterie imitation.*

529 — **Maupomé** (Victor).
>Paris, boulevard de Sébastopol, 137.
>*Horlogerie, joaillerie.*

530 — **Naxara** (Vve D.).
>Paris, Galerie des Proues, 53 (Palais-Royal).
>*Coutellerie fine.*

531 — **Noiriel** et Cie.
>Paris, rue de Turenne, 124.
>*Bijouterie imitation, petit bronze.*

532 — **Paisseau-Feil.**
>Paris, rue de Turbigo, 24.
>*Reproduction de pierres et perles fines. — Objets montés en pierres et perles fines, imitation, etc.*

533 — **Piel frères**.
Paris, rue Meslay, 31.
Bijouterie haute nouveauté doré et argent.

534 — **Plumet** (Paul).
Paris, rue Chapon, 7.
Bijouterie fantaisie.

535 — **Poincelet**.
Paris, rue Saint-Martin, 246.
Imitation de diamant.

536 — **Renard** (C.).
Paris-Auteuil, avenue de Versailles, 200.
Ferronnerie d'art.

537 — **Rime** (H.).
Paris, boulevard Bonne-Nouvelle, 42.
Horlogerie de poche et joaillerie de fantaisie.

538 — **Rime** (J.).
Paris, rue Monge, 4.
Bijouterie et orfèvrerie, fantaisie, etc.

539 — **Rollet** (A.).
Paris, rue Charlot, 71.
Bronzes d'éclairage et fantaisie.

540 — **Ruteau (L. et H.) frères.**
>Paris, rue Chapon, 31.
>*Imitation de perles fines.*

541 — **Sandoz** (Gustave-Roger).
>Paris, rue Royale, 10.
>*Bijouterie, joaillerie, horlogerie, bronzes d'art.*

542 — **Schmoll** (E.).
>Paris, rue de Turenne, 80.
>*Bronzes d'art.*

543 — **Schwister.**
>Paris, rue de Turbigo, 75.
>*Peignes en écaille.*

544 — **Soleau** (Eugène).
>Paris, rue de Turenne, 127.
>*Appareils d'éclairage à l'électricité et objets décoratifs en bronze de Joseph Chéret, etc.*

545 — **Strauss.**
>Paris, rue Fontaine, 9.
>*Bijouterie, articles de Paris.*

546 — **Susse frères.**
>Paris, place de la Bourse, 31.
>*Bronzes d'art.*

547 — **Tallois** (Amb.

　　Paris, boulevard de Strasbourg 19.
　Orfèvrerie d'argent et or.

548 — **Thiercelin.**

　　Paris, rue Saint-Martin, 246.
　Bijouterie fausse.

549 — **Thierry** (de) et fils.

　　Paris, rue Saint-Martin, 213.
　Bijouterie imitation.

550 — **Thomas** (G.).

　　Paris, rue Pastourelle, 27.
　Bijoux pour théâtre et armures.

551 — **Vildieu.**

　　Paris, rue de Turenne, 80.
　Bronzes d'éclairage et d'ameublement.

552 — **Vuillermoz.**

　　Paris, rue de Turbigo, 68.
　Bijouterie imitation.

GROUPE IX

Objets fabriqués en Cuir, Ivoire, Corne, Nacre, Caoutchouc

Sellerie

AMSON FRÈRES

MAISON FONDÉE EN 1841

Rue de la Folie-Méricourt, 68. — PARIS

NEUF EXPOSITIONS
MEMBRES DU JURY. — HORS CONCOURS 1888-1896.

Maroquinerie & Articles de Paris

Bourses.	Papeteries et articles de bureau.
Blagues.	Classeurs.
Porte-monnaie à cadres.	Cadres photographiques.
— américains.	Cadres photographiques métal.
Garnitures porte-monnaie et porte-cartes.	Glaces.
Porte-cartes.	Paravents.
Portefeuilles.	Chevalets.
Porte-cigarettes.	Buvards et serviettes.
Porte-cigares.	Liseuses et porte-musique.
Trousses de poche.	Sacs de dames.
Nécessaires.	Petits sacs et ridicules.
Boîtes à bijoux.	Sacs de voyage.
Boîtes à gants et à mouchoirs.	— — à trousses.
Boîtes à cigares.	Trousses de voyage.
— à jeux.	Aumônières.
— à timbres.	Gibecières.
— à photographies.	Pendules et cartels.
Calendriers.	Articles de religion.

CARUE

PARIS — 269, rue Saint-Denis — PARIS

CORDERIE EN TEXTILES ET MÉTALLIQUE
POUR THÉATRES, CIRQUES, DÉCORATION, LUSTRERIE

APPAREILS DE SAUVETAGE

Appareils, Agrès, Jeux et Traité de Gymnastique
MODÈLES brevetés S. G. D. G. et déposés
pour Artistes Gymnasiarques, Sociétés et Clubs athlétiques, Collèges, Écoles, etc.

Chevalier du Dragon d'Annam, Exposition d'Hanoï 1884
et du Nicham, Exposition d'Anvers 1885
Officier d'Académie, Exposition de Bruxelles 1888
12 fois Membre du Jury, Exposant Hors Concours,
25 Diplômes d'Honneur
75 Médailles d'Honneur, d'Or, Vermeil, etc.

Maison fondée en 1680

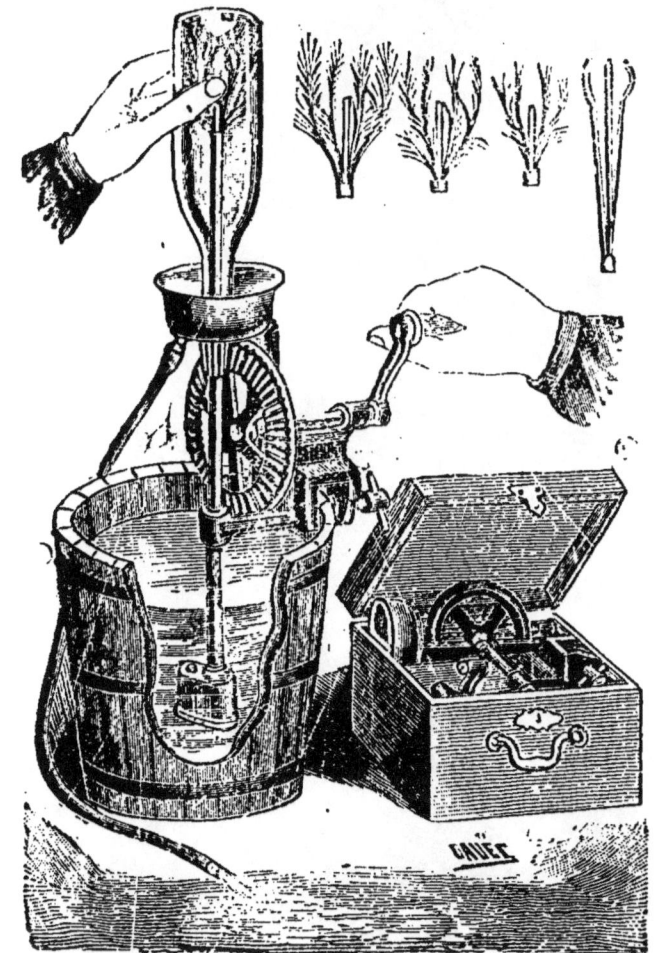

GROUPE IX

Objets fabriqués en Cuir, Ivoire, Corne, Nacre, Caoutchouc. — Sellerie.

Maroquinerie. — Nécessaires et Articles de voyage. — Brosserie. — Tabletterie. — Vannerie. — Bimbeloterie. — Articles de Paris. — Jouets et Jeux. — Sellerie. — Harnachements.

553 — **Amson frères.**
    Paris, rue de la Folie-Méricourt, 63.
  Maroquinerie.

554 — **Barbou.**
    Paris, rue Montmartre, 52.
  Porte-bouteilles.

555 — **Bernard (Mme).**
    Paris, rue Amelot, 8.
  Fleurs naturelles.

556 — **Berthault (Emma).**
    Pré-Saint-Gervais, avenue de Bellevue, 12.
  Eventails et Bijouterie fausse.

557 — **Blatrier** (Mlle).
    Paris, rue de l'Université, 127.
    Vannerie et Jouets.

558 — **Bourdais** (Louis).
    Paris, rue de la Villette, 13.
    Suspensions, Veilleuses, Écrans, Cache-bougies en bijouterie dénommée petits bronzes et bijouterie orientale et pierre couleurs.

559 — **Buzot** (Veuve).
    Paris, 17, boulevard de Port-Royal. 17.
    Articles de Paris.

560 — **Champagne** (F.).
    Paris, rue Saint-Sébastien, 9.
    Petite ébénisterie, Classeurs, Articles de bureau.

561 — **Collard**.
    Paris, boulevard de Sébastopol, 123.
    Fantaisies, jouets.

562 — **Dupont** et Cie.
    Paris, rue de Turbigo, 44.
    Brosserie, Boutonnerie et Tabletterie.

563 — **Gély** (Armand).
    Paris, rue des Petits-Hôtels.
    Modèle de frégate à voiles danoise.

564 — **Hénin**.
>   Paris, cité Dupetit-Thouars.
>   *Jeux et accessoires, billes de billards, queues, christs et tabletterie.*

565 — **Julian**.
>   Paris, rue Dulong, 30.
>   *Articles de Paris.*

566 — **Labriola** (Benjamin).
>   Paris, rue Saint-Honoré, 203.
>   *Ecaille et imitation, Bibelots pour étagères.*

567 — **Lanne**.
>   Paris, passage Saulnier, 8.
>   *Rince-bouteilles.*

568 — **Lapointe**.
>   Paris, rue Saint-Sébastien, 7.
>   *Rince-bouteilles.*

569 — **Lathoud** aîné.
>   Paris, rue de Belleville, 38.
>   *Articles de Paris.*

570 — **Legavre** (Jules).
>   Paris, boulevard de Sébastopol, 60.
>   *Tabletterie écaille et épingles.*

571 — Leloutre (Mme).
Paris, faubourg Saint-Denis, 80.
Articles de Paris, Bijouterie-imitation, Coulants de serviettes.

572 — Loupot.
Paris, rue de Palestine, 5.
Articles de ménage et de table.

573 — Lowenthal.
Paris, faubourg du Temple, 78.
Jouet hélicoptère aérien.

574 — Mailley (Jules).
Paris, rue des Filles-du-Calvaire, 6.
Stylographes américains, etc., etc.

575 — Maréchal.
Paris, rue des Amandiers, 17.
Articles de Paris.

576 — Marguet (Mme veuve).
Paris, rue d'Enghien, 11.
Articles de Paris, de cave, de ménage, etc.

577 — Mosser (Louis).
Paris, avenue de Breteuil, 68.
Ecriture et Dessins en fil de fer.

578 — **Nadeaud.**
>   Paris, rue Legendre, 77 *bis*.
>   *Articles de Paris.*

579 — **Naxara.**
>   Paris, rue Notre-Dame-de-Nazareth, 9.
>   *Articles de Paris.*

580 — **Nepveu de Villemarceau.**
>   Paris, rue Charlot, 13.
>   *Jouets et surprises, Éventails et articles pour soirées et desserts, Accessoires pour la danse du cotillon.*

581 — **Parent** et Cie (F.).
>   Paris, rue Croix-des-Petits-Champs, 11.
>   *Vitraux en fleurs naturalisées.*

582 — **Pelé.**
>   Paris, rue Charlot, 31.
>   *Maroquinerie, etc.*

583 — **Péchard** (Etienne).
>   Paris, rue des Tournelles, 62.
>   *Moules à cigarettes, Articles de fumeurs.*

584 — **Renaut** (G.).
>   Paris, boulevard de Strasbourg, 43.
>   *Bimbeloterie, Escaliers pliants pour bibliothèques, magasins, etc.*

585 — **Rousset (G.).**
>Paris, boulevard de Strasbourg, 43.
Escaliers pliants et Articles d'aluminium.

586 — **Saïd-ben-Ali.**
>Paris, rue de Maubeuge, 38.
Bijouterie-imitation, Articles orientaux, de cotillon, etc.

587 — **Sie-Tamine.**
>Paris, avenue Kléber, 74.
Articles de Chine.

588 — **Simon.**
>Paris, rue du Temple, 71,
Bijouterie et Articles de Paris.

589 — **The pneumatic Harness syndicate.**
>London, 72, Bishopsgate Street, E. C.
The zephyr patents (Colliers pneumatiques).

590 — **Tissier (L.).**
>Paris, rue Saint-Sabin, 56.
Machines, Moules à cigarettes, Articles de Paris.

591 — **Vessière (Jules).**
>Paris, rue Fontaine-au-Roi, 2
Gainerie.

592 — Vincent.

Paris, boulevard Voltaire, 56.
Nouveau crampon à glace.

GROUPE X

Industrie céramique

Dalpayrat, A. Lesbros & Cie

7 et 9, Grande-Rue

BOURG-LA-REINE

(SEINE)

GRÈS FLAMMÉS

Vases et Objets Décoratifs

FAÏENCES ARTISTIQUES

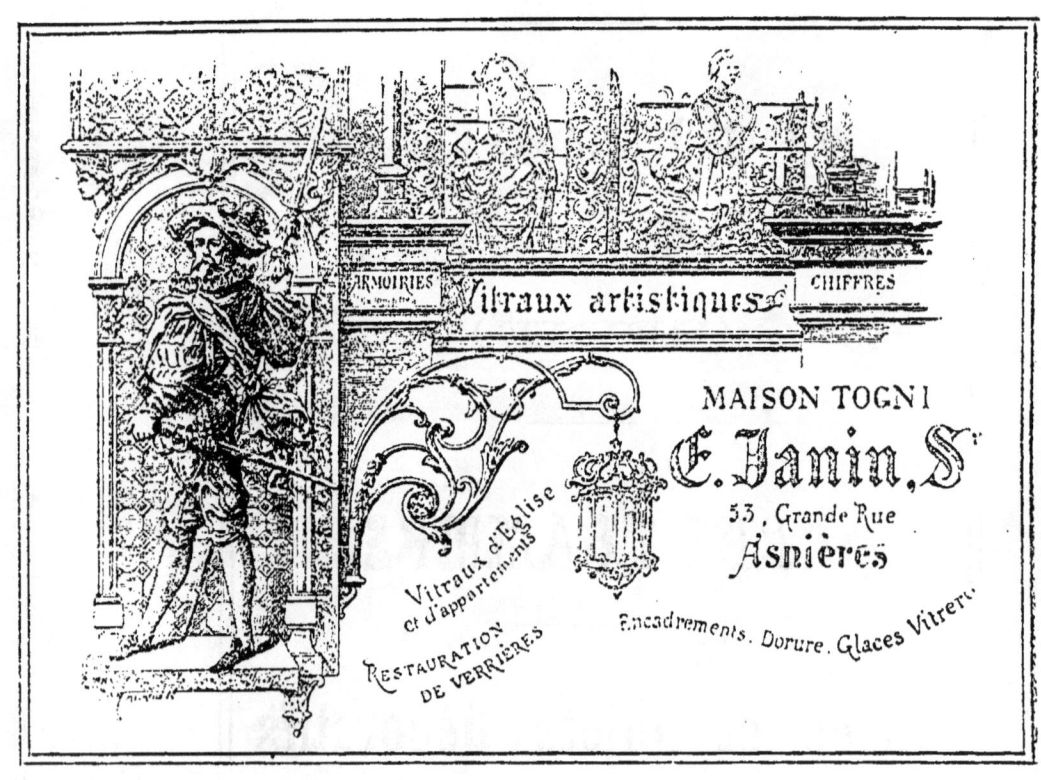

LE DESSIN INALTERABLE
PAR LES
Crayons & Pastels Vitrifiables
DE
A. LACROIX
Chimiste à Paris
POUR
DESSINS SUR OPALE ET VERRE DÉPOLI SUR BISCUIT DE PORCELAINE OU DE FAIENCE ET SUR TERRE CUITE

MAISON PRINCIPALE 184-186 Avenue Parmentier

MAISON PRINCIPALE 184-186 Avenue Parmentier

Usine Avenue Parmentier, 184

CUISSON. — Les dessins vitrifiables se cuisent comme les peintures vitrifiables, soit à un bon feu de moufle, soit au **PYRO-FIXATEUR LACROIX**, nouvel appareil breveté S. G. D. G. pour la cuisson automatique, chez soi, des peintures et dessins vitrifiables. *(Prospectus sur demande.)*

STATUETTES POLYCHROMES
en terre cuite

Eug. LADREYT
292, boulevard Voltaire, 292
PARIS

M. E. LADREYT, le dessinateur et statuaire humoriste, a débuté par être le collaborateur de l'*Eclipse*, de la *Nouvelle Lune*, du *Grelot*, du *Cri-Cri*, du *Polichinelle* et de divers autres journaux satiriques. Puis il entreprit la série des terres cuites qui ont rendu son nom populaire et dont la collection forme des milliers de compositions.

Il ne copie pas; il crée ses modèles. En appliquant la couleur à la terre cuite, il donne à ses personnages un caractère saisissant qui les dramatise. Il les fait vivre et presque parler. Son genre est le comique. Il prend ses sujets dans un milieu vulgaire et il sait en faire des chefs-d'œuvre de bonne humeur et de franche gaîté. Ses œuvres respirent en même temps une observation puissante et profonde. Il y a du Balzac dans certains de ses aperçus.

Tout le monde connaît le *Sourd*, un *Début*, le *Chemin de la fourrière*, le *Premier pas*, *Faute de grives*, le *Colonel Ramollot*, les *Cris de Paris*, la *Promenade sentimentale*, etc., et tant d'autres petites scènes que M. E. LADREYT a traitées sans pose, sans solennité, mais, au contraire, avec simplicité et surtout avec vérité. Ces qualités, dans les sujets les plus vulgaires, constituent un genre de beauté particulière qui a bien sa valeur.

NOUVELLE PATE TENDRE FINE

(Seul fabricant dans le monde entier)

PORCELAINES, DURE & A FEU

Spécialité d'articles pour peindre

Anc^{ne} M^{son} Victor NAUDOT

Camille NAUDOT Fils & Cie

SUCCESSEURS

63, boulevard de Strasbourg

PARIS — 6, passage du Désir, 6 — **PARIS**

NOUVELLE PATE TENDRE FINE
blanche et fonds turquoise, bleu de Roi, etc.
Rose Dubarry

PORCELAINE DURE BLANCHE
Bleu de Sèvres et autres

Faïences, Blanche et Crême, Emaillée, Biscuit
Moulins pour Couleurs vitrifiables

PORCELAINE A FEU, ARMATURE MÉTAL
Brevetée S. G. D. G.

SPÉCIALITÉ DE PIÈCES POUR BRONZE

MARQUE de fabrication **CN 359611** incrustée dans la pâte
— de décoration **C N** en bleu.

Médaille d'Argent, Exposition de Rouen 1896

JULES PULL
Céramiste d'Art
GENRE BERNARD PALISSY

GRÈS FLAMMÉS
ET
Faïences incrustées

122, rue Blomet, 122

Exposition Universelle de Paris 1889 : Médaille d'Or

MEMBRE DU JURY
à diverses Expositions de Paris

ÉMAUX D'ART

Paul SOYER

SOYER Fils, Successeur

Peintre-Emailleur

Exposition Universelle 1878 : Médaille d'Or

EXPOSITION UNIVERSELLE 1889 :

Membre du Jury, Hors Concours, Croix de la Légion d'Honneur

PEINTURE SUR ÉMAIL ET IVOIRE
POUR
la Bijouterie, le Meuble et le Bronze

4 bis, rue St-Sauveur, 4 bis
PARIS

GROUPE X

Industrie céramique

Faïences, Porcelaines. — Grès. — Grès flambés. — Emaux céramiques. — Laves émaillées. — Cristaux, Verreries, Verroteries pour costumes de théâtre. — Vitraux. — Mosaïques.

593 — **Beaujon.**
  Vincennes, rue de Bagnolet, 11.
 Faïences et Verreries.

594 — **Beauvais.**
  Paris, rue de Vaugirard, 103.
 Terres cuites, Produits en relief d'après photographies, Reproduction par l'électro-type Beauvais

595 — **Chesneau** (Mme).
  Paris, faubourg Saint-Denis, 202.
 Cristaux gravés.

596 — **Corplet** (Eugène).
  Paris, rue de la Victoire, 25.
 Céramique et objets d'art réparés.

597 — **Dalpayrat, Lesbros et Cie**.
    Bourg-la-Reine, Grande-Rue, 7.
Grès flammés.

598 — **Dalpayrat, Lesbros et Cie**.
    Bourg-la-Reine, Grande-Rue, 7.
Faïences décorées.

599 — **Damon**.
    Paris, boulevard Malesherbes, 20.
Verreries, Faïences, Porcelaines.

600 — **Decupper** (Maison Delvaux).
    Paris, rue Royale, 18.
Faïences artistiques, Porcelaines et Cristaux.

601 — **Delvaux** (Georges).
    Monsigny-sur-Loing (Seine-et-Marne).
Faïences de Monsigny, Faïences d'art.

602 — **Despois de Folleville** (Jules-Hector).
    1° Dessins; 2° Modèles en plâtre; 3° Modèles de faïence exécutés sur porcelaine de Limoges; 4° L'ouvrage méthodique de l'ornement.

603 — **Douard** (Mlle Rémi).
    Paris, boulevard Voltaire, 71.
Peinture sur émaux montés imitation, Faïence, Porcelaine noire.

604 — **Gautier** (J.) et **Fils**.
>   Paris, rue de la Roquette, 53.
> *Billards, Tables, Accessoires, Jeux.*

605 — **Goldscheider** (Frédéric).
>   Paris, rue de Paradis, 45.
> *Objets d'art en terre cuite et Bronzes.*

606 — **Guéret**.
>   Paris, rue de Lancry, 53.
> *Billards.*

607 — **Guillaume** (René).
>   Paris, rue de Flandre, 117.
> *Un groupe en plâtre.*

608 — **Harant** (Louis).
>   Paris, rue Halévy, 6.
> *Céramique.*

609 — **Houlmann** (Achille).
>   Paris, rue Oberkampf, 95.
> *Articles de Paris, Glaces à 3 faces.*

610 — **Jacob** (Léontine) (Mme).
>   Paris, rue d'Assas, 9.
> *Articles de Paris.*

611 — **Janin** et Cie.
> Asnières, Grande-Rue, 53.
> *Vitraux.*

612 — **Lacroix** (Adolphe).
> Paris, avenue Parmentier, 186.
> *Céramique et Verreries.*

613 — **Ladreyt** (Eugène).
> Paris, boulevard Voltaire, 292.
> *Statuettes terre cuite polychrome inaltérables.*

614 — **Lathoud Fils.**
> Paris, rue de Belleville, 38.
> *Gravure sur cristaux.*

615 — **De Léonardi** (P.).
> Paris, rue de la Montagne-Ste-Geneviève, 33.
> *Céramique d'art et Reproduction d'œuvres d'art.*

616 — **Leprovost** (Pierre).
> Paris, rue Haxo, 85.
> *Colonne, Vases imitation.*

617 — **Lovis** (Théodore).
> Paris, avenue des Moulineaux, 73.
> *Poteries artistiques.*

618 — **Massier** (Clément) (Golfe Juan).
> Paris, rue de Rivoli, 206.
> *Faïence et poterie d'art du Golfe Juan.*

619 — **Monachon** (Veuve).
> Paris, avenue d'Orléans, 40.
> *Gravure sur verre et cristaux avec machine.*

620 — **Morette** (Philippe), propriétaire de la Verrerie et Cristallerie du Grand-Cerf.
> Grand-Cerf (Seine-et-Oise), par Bezons, rue Saint-Germain, 1 et 3.
> *Brillant du Grand-Cerf, Cristal taillé, Bouteilles pour siphons et Tuyaux à intérieur de verre.*

621 — **Naudot** (Camille).
> Paris, boulevard de Strasbourg, 63.
> *Céramique d'art, Porcelaine tendre, Émaux.*

622 — **Pull.**
> Paris, rue Blomet, 122.
> *Céramique d'art.*

623 — **Soyer fils.**
> Paris, rue Saint-Sauveur, 4 bis.
> *Émaux d'art.*

GROUPE XI

Concours de Dessin au Crayon et au pastel vitrifiables

Travaux des Concurrents

GROUPE XI

Concours de dessin au crayon et au pastel vitrifiables, Travaux des concurrents

624 — **Société d'encouragement à l'Industrie française** pour aider l'ouvrier, l'artiste, l'inventeur à faire connaître leurs produits par les Expositions.
Paris, rue Visconti, 21.

625 — **Caisse de Retraite et de Secours des Employés de la Librairie A. Le Vasseur et Cie**.
Paris, rue de Fleurus, 33.
Un cadre contenant des renseignements sur le fonctionnement de ces deux fondations.

626 — **Musée des Photographies documentaires** (Colonel Laussedat, président).
Paris, boulevard Saint-Germain, 117.
Documents extraits des collections du Musée. — Un cadre.

627 — **La Prévoyance théâtrale** (Simon Max, directeur).
Paris, rue de la Grange-Batelière, 12.

628 — **Société « La Mutualité Maternelle »**.
6, rue d'Aboukir.
Statuts. — Comptes rendus. — Tableau statistique. — Objets divers offerts comme lots de la loterie au profit de la caisse de la Société.

629 — **Ecole professionnelle gratuite de dessin et de modelage** de la Chambre syndicale de la bijouterie imitation et des industries qui s'y rattachent.

Paris, rue Chapon, 22.

630 — **Ministère des Colonies.**

Musée colonial. Collection d'instruments de musique des colonies françaises.

631 — **Manufacture de Sèvres.**

Sèvres.

Collection de biscuits et plâtres représentant des artistes.

632 — **Société « l'Estampe et l'Affiche ».**

Collection d'affiches théâtrales.

633 — **Société d'encouragement à l'Art et à l'Industrie.**

Paris, rue Royale, 10.

Documents concernant le fonctionnement de cette Société.

634 — **Chambre syndicale des Fabricants et Négociants** en appareils, produits et fournitures photographiques.

Paris, boulevard Saint-Germain, 117.

ANNEXE

Section de l'Alimentation

Grande Distillerie Générale
DE PARIS

G. HARTMANN & Cie

21, boulevard Morland, 21

PARIS

MANUFACTURE UNIVERSELLE

DES

BISCUITS GEORGES

M. & J. ESTIEU S^{rs}

209, rue Saint-Denis

COURBEVOIE (Seine)

Dépôt à Paris : 29, *rue du Renard*

CONFISERIE — PETITS FOURS

MAISON LORSA
FONDÉE EN 1815

G. LAGACHE

Confiseur

1, rue des Petits-Champs, 1

Près la Banque de France

PARIS

Médaille aux Expositions de Paris 1884, 1885, 1886, 1889, 1892, 1893
A l'Exposition de Barcelone 1888
Diplômes d'honneur : Paris 1887, 1890
Médaille d'or : Exposition universelle d'Anvers 1894
Hors concours, membre du jury : Paris 1888-1893

SPÉCIALITÉ DE NOUGAT AU MIEL DU GATINAIS

Téléphone

LE JOURNAL

QUOTIDIEN

Littéraire, Artistique et Politique

DIRECTEUR

Fernand XAU

100, rue de Richelieu, 100

PARIS

ANNEXE

SECTION DE L'ALIMENTATION
Organisée par H. CASSELLA

COMITÉ DE PATRONAGE DE L'ALIMENTATION

MM.

Aubouin (H.), vice-président de la Chambre syndicale du Commerce de l'Epicerie.

Bouet, président de la Chambre syndicale des Volailles et Gibiers.

Chassaing (A.), ✻, propriétaire de la « Phosphatine Fallières » (Alimentation des enfants).

Chevillard, président de la Chambre syndicale des Beurres et Fromages.

Cornet, ✻, vice-président honoraire du Comité de l'alimentation ; conseiller municipal.

Délye, administrateur du « Boulanger Français ».

Dépinoix, ✻, vice-président du Comité de l'Alimentation.

Dubonnet (Paul) ✻, de la distillerie Dubonnet frères.

Dumont (C.), ✻, directeur de la distillerie Cusenier et Cᵉ.

Duprest, ✪, vice-président de la Chambre syndicale du Commerce de l'Epicerie.

Duval, ✻, président de la Chambre syndicale des Distillateurs en gros.

Egrot, ✻, constructeur d'appareils de distillation.

Estieu (Maurice), ✪, vice-président du Syndicat des Produits alimentaires.

Fontaine, président de la Chambre syndicale des Fruits frais et Primeurs.

Garnier (Ph.), ✻, président de la Chambre syndicale des Vins en gros.

Gourel, ✻, président de la Chambre syndicale des Débitants de vins.

Grangé, ✪, de la Maison Egrot et Grangé.

Grossin, président de la Chambre syndicale de la Charcuterie en gros.

Guedras (A.), secrétaire de la Chambre syndicale des Produits alimentaires.

Hartmann (Georges), ✻, I. ✪, président du Syndicat des Produits alimentaires.

Hédiard, ✪, vice-président de la Chambre syndicale de l'Union des Epiciers en détail.

Jeunet, président de la Chambre syndicale l'Union des Débitants de vins.

Jeanne (E.), distillateur en gros.

Karcher, vice-président de la Chambre syndicale des Brasseurs.

Lebel, ✠, président de la Chambre syndicale de la Boulangerie.

Legouey, ✻, vice-président de la Chambre syndicale des Distillateurs.

L'Escale (de), administrateur-délégué de la brasserie Croix de Lorraine.

Marcelin, ✠, président du Syndicat de la Presse de l'Alimentation.

Marguery, ✻, président du Comité de l'Alimentation.

Mocquard, trésorier du Comité de l'Alimentation.

Mocquet-Lesage, propriétaire de la Confiturerie de Saint-James.

Pelletier, secrétaire honoraire du Comité de l'Alimentation.

Perreau, ✠, président de la Chambre syndicale de la Boucherie.

Prevet (Jules), président de la Chambre syndicale des Fécules.

Sachs (I.), directeur de la Maison Springer et Cⁱᵉ.

Vidal (G.), ✠, membre de la Chambre syndicale du Commerce de l'Epicerie.

Villot, ✠, président honoraire de la Chambre syndicale de la Charcuterie.

Vinay, président de la Chambre syndicale du Commerce de l'Epicerie.

Walter, ✠, directeur-administrateur de la Maison Olibet.

Wattier (Maxime), ✪, imprimeur des journaux de l'Alimentation.

Cassella (H.), commissaire général de l'alimentation.

Léchevin, commissaire du liquide.

Letourneur, commissaire du liquide.

Papelard, commissaire du liquide.

Sawassat (F.), commissaire du solide.

Alimentation — Solide

Fécules. — Boulangerie. — Pâtisserie. — Condiments. — Stimulants. — Confiserie. — Corps gras. — Conserves diverses.

635 — **Assafrey** (A.-T.).
   Glascow (Ecosse).
   Chocolat et confiserie.

636 — **Battanlt** (Paul).
   Beauvais, faubourg St-Jacques, 18.
   Boulangerie, pâtisserie.

637 — **Billard** (Jean).
   Paris, avenue de la République, 46.
   Boulangerie, pâtisserie.

638 — **Bouttet** (Albert).
   Paris, 21, avenue Ledru-Rolin.
   Boulangerie, pâtisserie.

639 — **Brandt** et Cie.
   Londres.
   Produits et conserves alimentaires.

640 — **The Cereals Cie Limited.**
   Greenock (Scotland).
   Fabrication spéciale de riz.

641 — **Chassaing et Cie.**
>Paris, avenue Victoria, 6.
>*Phosphatine Fallières pour l'alimentation des enfants.*

642 — **Cochery (Charles).**
>Paris, rue Rochochouart, 34.
>*Boulangerie, pâtisserie.*

643 — **Coudert-Roger.**
>Troyes, faubourg Croncels, 79.
>*Boulangerie, pâtisserie.*

644 — **Contant.**
>Paris, boulevard Saint-Germain, 18.
>*Boulangerie, pâtisserie.*

645. — **Coutrot (Hector).**
>Paris, rue Planchat, 39.
>*Boulangerie, pâtisserie.*

646 — **Dagommer, Baroche et Cie.**
>Paris, rue Sainte-Croix-de-la-Bretonnerie, 5.
>*Biscuits, confiserie, vanille, thés.*

647 — **Delespaul-Havez** (Franchomme et Fauchille, successeurs).
>Lille, boulevard de la Liberté.
>*Chocolats, confiserie.*

648 — **Demay** (Barthélemy).
Paris, rue des Sablons, 30
Boulangerie, pâtisserie.

649 — **Dequenne** (Henri).
Paris, rue Rambuteau, 5.
Boulangerie, pâtisserie.

650 — **Desplebains.**
Paris, rue de la Boëtie, 99.
Boulangerie, pâtisserie.

651 — **Domingé.**
Paris, rue de la Bastille, 3.
Boulangerie, pâtisserie.

652 — **Dolbeau.**
Paris, 3, rue d'Avray.
Boulangerie, pâtisserie.

653 — **Ducrocq-Ducrocq.**
Château-Thierry (Aisne), place du Marché, 23.
Boulangerie, pâtisserie.

654 — **Dutroncy** (Jean).
Paris, 111, rue Mozart.
Boulangerie, pâtisserie.

655 — **Estieu** (M. et J.).
Courbevoie (Seine).
Biscuits Georges.

656 — **Fluteaux (Emmanuel).**
   Paris, 80, rue de Bondy.
   Boulangeree, pâtisserie.

657 — **Garnet (Pierre).**
   Paris, boulevard Voltaire, 249.
   Boulangerie, pâtisserie.

658 — **Gaston (F.).**
   Paris, 82, avenue des Ternes.
   Boulangerie, pâtisserie.

659 — **Gois.**
   Paris, rue de Reuilly, 127.
   Boulangerie. pâtisserie.

660 — **Guérineau.**
   Paris, avenue de Choisy, 116.
   Boulangerie, pâtisserier

661 — **Guillon et Renault (Maison Lion).**
   Paris, rue de la Lune, 1.
   Brioches.

662 — **Isdale et Mc Callum Caledonia.**
   Paisley (Ecosse).
   Savons de leur fabrication vendus par les ma.-chands de produits alimentaires.

663 — **Kowarsky (J.).**

Paris, quai des Célestins, 28.
Sa collectivité.

664 — **Labbée.**

Paris, avenue d'Antin, 73.
Charcuterie.

665 — **Lagache (G.).**

Paris, rue des Petits-Champs, 1.
Confiserie.

666 — **Leguay (Paul-Eugène).**

Paris, rue du Temple, 115.
Boulangerie, pâtisserier

667 — **Lesieur (Ferdinand).**

Paris, rue des Saussaies, 12.
Boulangerie, pâtisserie.

668 — **Ligat.**

Paris, avenue d'Antin, 73.
Boulangerie, pâtisserie.

669 — **Laplagne.**

Paris, boulevard Voltaire, 265.
Pâtés de cannetons.

670 — **Locard (Jules).**
    Paris, 25, rue de Penthièvre.
    Boulangerie, pâtisserie.

671 — **Mousseaux et Cie.**
    Paris, 125, quai Valmy.
    Matériel de boulangerie.

672 — **Moquet Lesage.**
    Paris, rue Saint-Gilles, 7.
    Confitures de Saint-James.

673 — **Munier (Jean).**
    Le Perreux, avenue de Bry, 98.
    Boulangerie, pâtisserie.

674 — **Paturauge.**
    Paris, rue du Petit-Thouars, 12.
    Café.

675 — **Perdriat.**
    Paris, 279, rue des Pyrénées.
    Porte-allumettes.

676 — **Pernot.**
    Dijon.
    Suprême Pernot, crème Éclair.

677 — **Perrier (Henri).**
Paris, rue de l'Hôtel-de-Ville, 14.
Boulangerie, pâtisserie.

678 — **Plagne.**
Paris, avenue d'Italie, 56.
Boulangerie, pâtisserie.

679 - **Poësin.**
Paris, rue de la Tombe-Issoire, 17.
Boulangerie, pâtisserie.

680 — **Porcher (Louis).**
Paris, 75, rue d'Auteuil.
Boulangerie, pâtisserie.

681 — **Prevot.**
Saint-Maurice, route de Saint-Mandé.
Boulangerie, pâtisserie.

682 — **Richard.**
Paris, 149, rue Montmartre.
Pâtisserie, boulangerie.

683 — **Robert-Durand.**
Paris, rue du Helder, 6.
Boulangerie, pâtisserie.

684 — **Salleault**
Paris, 13, rue Malher.
Pâtisserie, boulangerie.

685 — **Simon**.
>Bagnolet, rue Sadi-Carnot.
Pâtisserie, boulangerie.

686 — **Société Olibet** et Cie (Walter, administrateur délégué).
>Suresnes (Seine).
Biscuits, gaufrettes.

687 — **Stohr**.
>Paris, 59, rue Montmartre.
Pâtisserie, boulangerie.

688 — **The Scottish Préserves** Cie **Limited**.
>Greenock (Ecosse).
Confitures de toutes sortes.

689 — **Thibault**.
>Paris, rue Monsieur-le-Prince, 12.
Boulangerie, pâtisserie.

690 — **Vassort** (Alcide).
>Paris, avenue d'Orléans, 14.
Boulangerie, pâtisserie.

Alimentation — Liquide

Boissons Distillées.

691 — Blanjot.
Paris, rue de Pontoise, 26.
Coca des Incas.

692 — Bonnissol.
Paris, rue d'Avron, 8.
Kirsch, absinthe, curaçao, etc.

693 — Bonnin (A.) fils et Cie.
Bourg-Charente-sur-Cognac.
Ses produits de Cognac.

694 — Brachet (N.-G.).
Brouchaud, par Cubjac (Dordogne).
Brou de noix.

695 — Brianchon frères.
Fresnay-sur-Sarthe.
Le « Bol d'Or », apéritif.

696 — Briet.
Saint-Bebel (Puy-de-Dôme).
Eau-de-vie de marc.

697 — **Cornu (A.).**
>Paris, rue de Gergovie, 74.
>*Liqueur la « Fraisette ».*

698 — **Cusenier (E.) et Cie.**
>Paris, boulevard Voltaire, 226.
>*Tous produits de distillerie.*

699 — **Desolme.**
>Paris, rue de Sèvres, 26.
>*Quinquina, questch, marc.*

700 — **Descheneau.**
>Paris, rue de Ponthieu, 7.
>*Punch.*

701 — **Devellenne (Emile).**
>Paris, rue Saint-Maur, 130.
>*Bar de dégustation.*

702 — **Favrot.**
>Distillateur à Châtellerault.
>*Liqueurs en tous genres.*

703 — **Ferrand frères.**
>Lyon, rue Ney, 27.
>*Liqueur la Capucine.*

704 — **Fesselet et Reverchon.**
>   Paris, rue de Rochechouart, 36.
>
> *Bar de dégustation.*

705 — **Fourmont** (Irma et Marguerite).
>   Paris, rue de la Folie-Méricourt, 88.
>
> *Bar de dégustation.*

706 — **Gassiglia** (A.).
>   Nice (Alpes-Maritimes).
>
> *Amer Vigny, Gentiane d'Illyrie.*

707 — **Gérard** (R.).
>   Paris, rue des Capucines, 12.
>
> *Liqueur Longévitine.*

708 — **Hartmann** (G.) et Cⁱᵉ.
>   Paris, boulevard Morland, 21.
>
> *Tous produits de la distillation. Liqueur la Visitandine.*

709 — **Joanne** (Edmond).
>   Paris, quai de la Tournelle, 55-57.
>
> *Absinthes, amers, liqueurs, spiritueux et sirops.*

710 — **Joly** (Th.).
>   Distillateur à Saint-Ouen (Seine).
>
> *Le champion quinquina, la citronade.*

711 — **Lemaitre (G.).**
   Paris, rue Buffon, 15.
   Rhum grenade.

712 — **Lentz (Arthur).**
   Paris, boulevard Pereire, 0.
   Bar de dégustation.

713 — **Lucat (Gaston et Cⁱᵉ).**
   Eauze (Gers).
   Fine armagnac.

714 — **Maillet et Lagarde.**
   Ivry-sur-Seine 3, rue du Château.
   Tous articles de distillerie.

715 — **Marnier Lapostolle.**
   Neauphle-le-Château (Seine-et-Oise).
   Curacao Marnier.

716 — **Muraour frères.**
   Paris, rue de la Verrerie, 42.
   Fleurs d'oranges, huiles d'olives.

717 — **Paillard (Emile).**
   Paris, place des Vosges, 16.
   Bar de dégustation.

718 — **Pelletier** (Emile-Jules).
> Paris, rue de Belleville, 33.

Sirop de Plampemouss, curaçao, amer, anisette de Bordeaux et tous les produits de la distillation.

719 — **Pouvesles et Heuzé.**
> Paris, rue de Montessuy, 8.

Bar de dégustation.

720 — **Rigaldi (L.) et Cie.**
> Turin.

Vermouth.

721 — **Ropion-Combe.**
> Distillateur à Blois.

Quinquina Chambord.

722 — **Seguin.**
> Paris, rue du Chemin-Vert, 142.

Rhum et amer.

723 — **Vinsot** (Philippe).
> Châteaudun (Eure-et-Loir).

Eaux de vie et café.

Boissons fermentées

724 — **Adam.**
> Paris, rue de Charonne, 126.

Vins et liqueurs.

725 — **Albouy.**
Paris, rue Montmartre, 10.
Vins et liqueurs, cidre.

726 — **Authé.**
Paris, boulevard Voltaire, 226.
Vins.

727 — **Baillot (E.).**
Paris, rue des Martyrs, 14.
Vins et liqueurs.

728 — **Bardin (Victor).**
Paris, rue de Verneuil, 37.
Vins.

729 — **Bastide.**
Paris, rue des Trois-Couronnes, 9.
Vins et liqueurs.

730 — **Beauffre et Forgé.**
Neuilly-sur-Seine, avenue du Roule, 67.
Vins de Champagne.

731 — **Béchet.**
Paris, rue Jacob, 42.
Vins et liqueurs.

732 — **Berger.**
Paris, boulevard de l'Hôpital, 24.
Vins.

733 — Besserat et Cie,
> Paris, rue de la Victoire, 56.
> *Vins de Champagne.*

734 — Bière Moritz.
> Paris, rue de Vaugirard, 189.
> *Bière.*

735 — Bisson.
> Paris, rue Lecourbe, 148.
> *Vins et liqueurs.*

736 — Boucher.
> Paris, rue de l'Abbé-Groult, 126.
> *Vins.*

737 — Brasserie de la Croix de Lorraine (D l'Escale, administrateur-délégué).
> Paris, rue de la Victoire, 65.
> *Bière de Munich.*

738 — Brasserie des Moulineaux (Vuille, directeur).
> Issy-les-Moulineaux
> *Bière.*

739 — Cabanié.
> Paris, rue Jouffroy, 99.
> *Vins et liqueurs.*

740 — **Clausset**.
>Paris, rue Legendre, 111.
>*Vins.*

741 — **Cochet**.
>Paris, rue Vieille-du-Temple, 111.
>*Vins et liqueurs de la Savoie.*

742 — **Contrexéville**.
>Paris, rue de Grammont, 28.
>*Eau minérale naturelle source « Mongeot ».*

743 — **Desous**.
>Paris, place d'Aligre, 12.
>*Vins et liqueurs.*

744 — **Domaine de la Haye**.
>Saint-Sylvestre.
>*Eau de table naturelle Cristal-Château.*

745 — **Doux**.
>Paris, rue de Sèvres, 101.
>*Vins et liqueurs.*

746 — **Dury**.
>Paris, rue Condorcet, 44.
>*Vins et eaux-de-vie de marc et cidre.*

747 — **Emringer, Marchand** et Cie, ingénieurs-constructeurs.
>Paris, rue Meslay, 57.
>*Machines et accessoires « Minerva » pour la fabrication des eaux et produits gazeux.*

748 — **Fabre**.
>Paris, rue Pouchet, 90.
>*Cidres.*

749 — **Ferdinand** (Julien).
   Tain (Drôme).
Vins ordinaires, Vins fins.

750 — **Finot** (A.).
   Paris, rue de Ponthieu, 14.
Vins fins et vins de Samos. Vins ordinaires et Eau-de-vie.

751 — **Folliot** (Paul).
   Chablis (Yonne).
Vin blanc, crû « Les Clos », cuvée réservée.

752 — **Garnier**.
   Paris, rue Cambronne, 123.
Vins et eau-de-vie de prune.

753 — **Gautreau**.
   Paris, faubourg Saint-Antoine, 319.
Vins.

754 — **Giroux**.
   Paris, rue de Bagnolet, 139.
Vins et Liqueurs.

755 — **Godard**.
   Paris, rue Oberkampf, 3.
Vins et Liqueurs.

756 — **Godard**.
   Paris, place d'Aligre, 8.
Vins et Liqueurs.

757 — **Granpfort**.
   Paris, rue de la Roquette, 83.
Vins et Liqueurs.

758 — **Grosprêtre.**
> Paris, rue Saint-Martin, 212.
Vins et Liqueurs.

759 — **Guédras**
> Paris, cour de Champagne (Entrepôt Général).
Vins mousseux.

760 — **Guet.**
> Sceaux-Robinson.
Vins.

761 — **Jenné** (Edmond), brasseur.
> Sochaux, près Montbéliard (Doubs).
Bière brune et blonde, fermentation haute.

762 — **Jacobsen** (Desouche et Bruyer).
> Paris, rue Geoffroy-Lasnier, 23 (Entrepôt d'Ivry).
Bière de Munich.

763 — **Jeudy.**
> Paris, rue des Vinaigriers, 22.
Vins.

764 — **Karcher et C**^{ie}.
> Paris, rue de Bagnolet, 105.
Bière.

765 — **Labey-Anciant et C**^{ie}.
> Bouzy.
Champagne.

766 — **Ladouce.**
> Paris, rue Saint-Honoré, 360.
Vins et Liqueurs.

767 — **Laneyrie.**
  Saint-Maurice, Grande-Rue, 35.
Vins et Liqueurs.

768 — **Laujouy.**
  Paris, rue du Cherche-Midi, 74.
Vins et Huîtres.

769 — **Lavallée.**
  Sceaux-Robinson.
Vins.

770 — **Lefèvre.**
  Paris, rue de Prony, 65.
Vins et liqueurs.

771 — **Lemaître.**
  Paris, 15, rue de Buffon.
Vins.

772 — **Leroux.**
  Paris, avenue Montaigne, 54.
Vins.

773 — **Mangin** (représenté par Mlle Marie Morbach).
  Paris, rue du Pont-de-Lodi, 6.
Le « Moustille », vin mousseux.

774 — **Marion.**
  Paris, boulevard de Belleville, 50.
Vins et liqueurs.

775 — **Marron.**
  Paris, avenue de Ségur, 71.
Vins.

776 — **Masse-Meurisse** fils, brasseur.
　　　Lille (Nord), 114, rue de la Barre.
Bière de fermentation haute.

777 — **Mathieu**.
　　　Paris, rue de Sèvres, 107.
Vins et liqueurs.

778 — **Mercier**.
　　　Paris, faubourg Saint-Denis, 26.
Vins, quinquina.

779 — **Métral (Ulysse)**.
　　　Paris, rue Saint-Honoré, 148.
Vins.

780 — **Monier (Louis)**.
　　　Domaine de Saint-Johannes près Narbonne (Aude).
Vins de son domaine.

781 — **Papelard**.
　　　Paris, quai de Valmy, 181.
Vins.

782 — **Peccoux**.
　　　Paris, rue Turenne, 51.
Vins.

783 — **Petreins** et Cie.
　　　Paris, rue Lafayette, 123.
Bières Kothelbraü de Munich.

784 — **Prévost**.
　　　Paris, rue Saint-Dominique, 103.
Vins et Liqueurs.

785 — **Redon.**
>Paris, rue Saint-Denis, 34.
>*Vins et Liqueurs.*

786 — **Rousselet.**
>Paris, rue de l'Université, 151.
>*Vins.*

787 — **Teissèdre.**
>Paris, rue d'Anjou, 27.
>*Vins.*

788 — **Triaz.**
>Paris, rue du Pré-aux-Clercs, 10.
>*Vins et liqueurs.*

789 — **Tuot (Victor) et Cie.**
>Paris, rue Meyerber, 3.
>*Vins de Champagne.*

790 — **Vareilles (Paul de) et Cie.**
>Nuits (Côte-d'Or).
>*Vins de Bourgogne mousseux.*

791 — **Verdier (Bertrand).**
>Paris, rue de Prony, 103.

792 — **Verlaguet.**
>Paris, rue de l'Ouest, 36.
>*Vins et alcool.*

793 — **Vic.**
>Paris, rue d'Allemagne, 30.
>*Vins.*

Dépôts généraux :
GEORGES PRUNIER et Cie, 23, Avenue Victoria, Paris.
Cie FERMIERE DE VICHY, 8, boul. Montmartre, Paris.
CHASSAING et Cie, 6, avenue Victoria, Paris.
Détail : Toutes Pharmacies.

La "PHOSPHATINE FALIÈRES" est l'aliment le plus agréable et le plus recommandé pour les enfants dès l'âge de 6 à 7 mois, surtout au moment du sevrage et pendant la période de croissance. *Il facilite la dentition, assure la bonne formation des os.*
PARIS, 6, AVENUE VICTORIA ET PH^{ies}

TABLE DES MATIÈRES

	Pages.
Exposé	3
Services de l'Exposition	11
Liste des artistes de l'orchestre	13
Comité de patronage	17
Règlement général	25
Règlement des jurys	34
Classification	39
Liste des Exposants :	
Section rétrospective	61
Groupe I	83
Groupe II	99
Groupe III (A)	109
Groupe III (B)	121
Groupe IV	133
Groupe V	145
Groupe VI	181
Groupe VII (A)	191
Groupe VII (B)	207
Groupe VIII	213
Groupe IX	231

Groupe X.......	245
Groupe XI................	261
Annexe : Section de l'Alimentation.........	265
Comité de patronage.................	269
Alimentation. — Solide.............	273
Alimentation. — Liquide.................	284

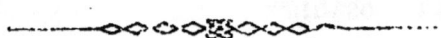

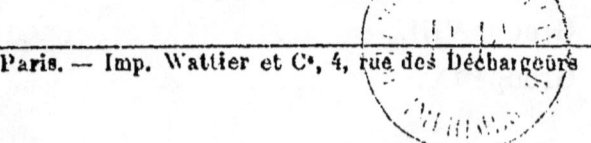

Paris. — Imp. Wattier et Cⁱᵉ, 4, rue des Déchargeurs

Documents manquants (pages, cahiers...)
NF Z 43-120-13

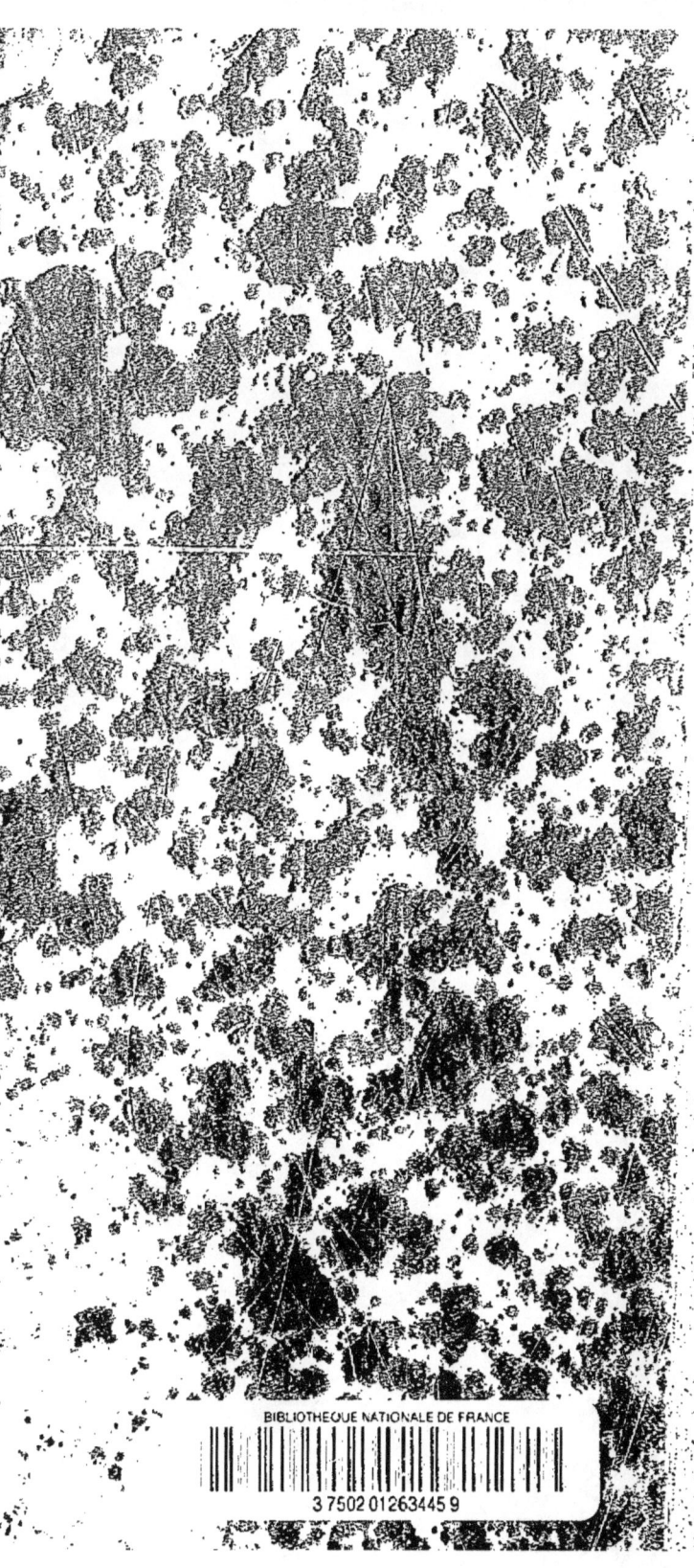

www.ingramcontent.com/pod-product-compliance
Lightning Source LLC
Chambersburg PA
CBHW071601170426
43196CB00033B/1510